Felicità e soldi felici

Happiness e Happy Money

Rafael D. Kasischke

Felicità e soldi felici

Happiness e Happy Money

Informazioni bibliografiche dalla Biblioteca nazionale tedesca: La Biblioteca nazionale tedesca elenca questa pubblicazione nella Bibliografia nazionale tedesca; Dati bibliografici dettagliati sono disponibili su Internet all'indirizzo http://dnb.dnb.de.

Editore: BoD · Books on Demand GmbH, 22848 Norderstedt/Germania
Stampato da: Libri Plureos GmbH, Friedensallee 273, 22763 Amburgo/Germania

ISBN: 978-3-7693-2363-4

Questo libro è dedicato alle tante anime umane
che non vivono ancora nella felicità
e cercano gioia nella vita, risate e spensieratezza.

Possa la luce risplendere su queste persone
e portarli alla felicità.

Indice dei Contenuti

Prefazione 9

Introduzione 15

   1. Capitolo: Cos'è la Felicità? 21

   2. Capitolo: Riflessioni sulla Serenità, il Sorriso

      e la Leggerezza 33

   3. Capitolo: Scopri la Forza dentro di te 47

   4. Capitolo: Le Sfide della Felicità................................55

   5. Capitolo: Come raggiungiamo la Felicità? 69

   6. Capitolo: Il mio Cammino verso la Felicità.........87

   7. Capitolo: Happy Money 101

   8. Capitolo: Felicità e Spiritualità................................121

   9. Capitolo: Come portare l'oro del Cielo

      sulla Terra 127

Conclusione 149

Annesso 159

Prefazione

Una luce splendente e dorata fluisce verso le persone. Una luce dorata risplende intorno a loro, riempiendole d'amore. Si sentono protette, a loro agio. Sono felici. Una felicità profonda e una gioia avvolgono le loro vite. Sono toccati da questa luce che riempie i loro cuori. Sentono l'amore e il legame con qualcosa di più grande: l'energia cosmica.

Luce – amore – leggerezza – pace – libertà – consapevolezza – compassione – gratitudine – riconoscenza – verità – fiducia – rispetto – apertura del cuore – intuizione – ispirazione – danza – risate – allegria – spensieratezza – serenità – leggerezza d'animo – ricchezza interiore – valori interiori – soddisfazione interiore e una forte motivazione circondano queste persone. Si sentono felici, comprese, e "a casa", arrivate nei loro cuori. Piene di gioia, abbracciano la loro famiglia, i loro amici, i vicini e la comunità.

E questa allegria viene notata dagli altri. Questi si avvicinano e vogliono capire cosa sta accadendo: una grande trasformazione – dal precedente stato di abbattimento, paura e sofferenza a un'apertura dei cuori, all'accoglienza della luce dorata, al sentire gioia e felicità.

Sempre più persone si uniscono. Anche loro ricevono amore, luce dorata e gioia. Si genera una reazione a catena. Sempre più persone vengono attratte e vogliono vivere questo miracolo. Dal dolore, dalla paura, dal lutto, dal pessimismo e dall'ansia per il futuro emergono calma interiore, fiducia, ottimismo, un nuovo inizio, gioia di vivere, leggerezza, serenità, e con esse la felicità.

Come è possibile? Come è potuto accadere? Chi lo ha innescato? È una finzione? È solo un momento fugace? Oppure questo nuovo risveglio è destinato a durare?
Non è finzione. Non è un sogno. È il futuro prossimo. Stiamo rendendo le persone felici. Le stiamo tirando fuori da una vita grigia, avvolgendole con un'aura sacra che penetra profondamente nel loro essere, raggiungendo le loro cellule e sentimenti, trasformandoli dal buio al dorato.

Perché la nostra consapevolezza è cresciuta dall'oggi al domani. E con la nostra consapevolezza si sono ampliate anche le cellule del nostro corpo, della mente e delle emozioni. I nostri traumi, il nostro passato vissuto e la nostra situazione attuale apparentemente senza via d'uscita sono scomparsi nel giro di una notte. Un'aura dorata ha toccato le persone che erano aperte e pronte a riceverla. E ora queste persone stanno ispirando altre. Anche loro vogliono assaporare questo nettare di beatitudine. E anche loro vengono riempiti dal nuovo, dall'amore, dalla gioia e dalla gratitudine. Anche loro ricevono l'aura dorata – l'aura sacra.

Tutto questo non è una visione, ma il futuro prossimo. È alle porte – questo senso di felicità tra le persone.

Ogni giorno leggiamo sui media il tema della felicità. Esiste persino una classifica dei paesi più felici. I paesi nordici come Finlandia, Danimarca, Islanda, Svezia e Norvegia occupano le prime posizioni nel World Happiness Report 2024.

Ma siamo diventati più felici grazie ai media e alla pubblicazione dei paesi con le persone più felici? No. In parte, rende alcune persone ancora più infelici, perché pensano: come fanno gli altri a essere felici e io no?

Tutti possiamo essere felici. Ed è proprio di questo che tratta questo libro. Tuttavia, come accennato all'inizio, il passaggio alla felicità non avviene dall'oggi al domani. Fino ad allora, dobbiamo seguire il percorso tradizionale per raggiungere la felicità interiore. E il percorso tradizionale è talvolta un po' spinoso. Sicuramente è un processo che impariamo attraverso le esperienze della vita. Ma, in fondo, siamo felici dalla nascita. Dovremmo essere grati di essere venuti al mondo e di avere l'opportunità di vivere esperienze ricche di significato.

Da bambini, ridiamo di più. Poi, molti di noi perdono questa capacità. Dobbiamo ricordare quei tempi spensierati e riattivare il ridere e il gioire – dal cuore. E dobbiamo incoraggiare altre persone a seguire questo percorso. Così, pace e gioia entreranno nelle nostre vite e nel mondo.
Si tratta quindi di ritrovare quella felicità che abbiamo sperimentato da bambini e poi dimenticato. Perché ogni persona – tutti noi – vuole essere felice.

Lei è felice? Perché? Grazie a cosa? Ogni giorno o solo raramente? Come si manifesta la sua felicità? Vuole sapere come mantenere costantemente la felicità o come diventare ancora più felice? Alcune persone oggi sono felici e domani infelici – oscillano.

Esistono molti libri, consigli e suggerimenti. Ne ho letti diversi per conoscere le saggezze di altri autori. Ma pochi mi hanno convinto. Perché no? Molti adottano un approccio scientifico. La psicologia positiva è la parola magica. Oppure sono pseudo-spiritualisti con consigli accattivanti.

Io adotto un approccio diverso, pratico. Per me, la felicità è un processo che non si può imparare dall'oggi al domani.

Come ogni cosa nella vita, anche questa ha due facce. Viviamo in una dualità: giorno – notte, luce – ombra, gioia – dolore, guerra – pace, positività – negatività.

Per raggiungere la felicità, dobbiamo attraversare esperienze – positive e negative. La cosa migliore è non sapere in anticipo di cosa si tratta. Si percorre semplicemente il cammino – sia verso la prosperità che verso l'abisso. Lo si scopre lungo il percorso. E se, ad esempio, si è intrapreso il cammino verso l'abisso e si riesce a risalire, allora si è fatta un'esperienza e si è raggiunto un obiettivo.

Questa esperienza può essere praticamente spuntata dalla lista.

E così, ci sono molte esperienze che contribuiscono a raggiungere la felicità. Ma prima dobbiamo viverle. Se si è percorsa la strada verso la prosperità, non significa che non si incontrerà più l'abisso. Può ancora presentarsi sul nostro cammino e incrociarci. E allora, dalla gioia e dalla leggerezza si passa improvvisamente al peso, al dolore e alla sofferenza. Perché? Perché ci identifichiamo con il nostro corpo, la nostra storia, i nostri genitori, il nostro lavoro, il nostro patrimonio, invece di osservare tutto da lontano e con saggezza.

Introduzione

Molte persone cercano gioia, allegria di vivere e un senso della vita. Preoccupazioni, paure e dubbi sono fin troppo presenti. Questo libro vuole ispirare alla gioia e incoraggiare a riflettere sulla vita. Accolgo con piacere suggerimenti e spunti.

Ho tenuto diverse conferenze sul tema della felicità: "Come portare serenità e gioia nella mia vita? Happiness & Money" sono i titoli dei miei interventi.
Oppure: "Come diventare allegri, spensierati, privi di preoccupazioni e paure? Molte persone vivono sotto stress, guadagnano denaro, si preoccupano del futuro, affrontano problemi familiari o depressioni. Rafael conosce questi temi per esperienza personale. Attraverso il suo cambiamento interiore è diventato una persona gioiosa e amante della vita. Anche tu vuoi diventare così?"

Ho inoltre offerto a diverse aziende svizzere e tedesche di rendere i loro dipendenti felici. Mi è stato risposto che i loro dipendenti erano già felici e che avevano sufficiente personale interno per occuparsi di ciò. Mi rallegro, naturalmente, che questo tema sia già arrivato a tutte le aziende e che i loro dipendenti siano ora felici. Ovviamente ho sorriso di fronte a queste risposte. Perché nel mondo di oggi, solo pochi sono davvero felici e pieni di gioia (= beyond joy).

Perché i colombiani sono più felici degli svizzeri? Ho chiesto a un dottorando colombiano presso l'Università di San Gallo. La sua ricerca si concentra sulla conservazione del patrimonio culturale ed ecologico delle comunità indigene della Colombia e sui meccanismi di mediazione e dialogo nel contesto delle Nazioni Unite. Vive in Svizzera da alcuni anni e conosce bene la differenza tra i due paesi.

La sua risposta è stata: il popolo colombiano possiede qualità interiori che sono nascoste agli svizzeri e ad altre nazioni occidentali. È la gioia interiore (the joy beyond), la felicità interiore, il ridere, gli scherzi, le scintille che sprizzano (chispa = spagnolo), la birichineria, l'arguzia, l'astuzia (picardia).

Da dove proviene questa forza? Da una fonte a cui tutti in realtà hanno accesso, ma che molti hanno dimenticato o trascurato. Gli indigeni hanno conservato questo accesso. La parola chiave è armonizzazione – armonizzazione tra le persone (e non individualismo) e armonizzazione con la natura. Io lo chiamo spiritualità.

Voglio ispirare e sensibilizzare le persone a trovare l'oro interiore – la gioia, la leggerezza, la spontaneità, l'amore e la saggezza – dentro di sé e a diventare felici.
Il mio obiettivo è rendere il mondo un posto più bello e portare felicità nel mondo. La sfida è cambiare il modo di pensare e l'atteggiamento delle persone, distaccandosi dall'ego e dal denaro.

Il 24 agosto 2024 ho incontrato una coppia indiana sulla Bahnhofstrasse di Zurigo. Un giovane teneva un cartello con la scritta: "Positive People Wanted". La coppia indiana e io ci siamo avvicinati contemporaneamente al giovane con il cartello. Abbiamo discusso delle persone positive e della felicità. Come possiamo raggiungere la felicità? ha chiesto l'indiano. Facendo qualcosa per gli altri, qualcosa che tocchi il cuore di chi dà e il cuore di chi riceve, senza aspettarsi nulla in cambio – puramente per amore altruistico.

Naturalmente possiamo anche ricevere qualcosa. Ma non come si fa di solito – con un grande compenso in denaro. Avidità e massimizzazione del profitto non sono più in voga. Ne parlerò nel capitolo 7.

Che cosa ha toccato il mio cuore e per cosa sono grato?
Sono grato per la mia vita. Ne parlerò nel capitolo 6. E sono grato per le esperienze che ho avuto nella mia vita. Grazie a queste esperienze sono diventato felice. Oggi possiedo molto meno sul piano materiale rispetto a prima. Ma ho molto di più – conoscenza, saggezza, esperienze, così come i miei talenti e doni. Ogni giorno incontro nuove persone, porto loro gioia, luce solare e luce dorata, e allevio le loro paure.

Questo è un dono meraviglioso che tocca il mio cuore e per il quale ringrazio il grande tutto.

Bisogna avere un grande patrimonio materiale per essere felici? Un tempo possedevo una grande fortuna – una casa enorme, in una posizione prestigiosa a Miami/Florida. Un viale ampio, simile a un parco, con una fontana ornava il giardino anteriore. Sul retro della casa, un magnifico giardino con una grande piscina, adiacente al campo da golf del famoso Hotel Biltmore, con vista sulla buca Par 3 dalla camera da letto al piano superiore.

Due auto in garage. I figli in una scuola privata. Intorno a noi, le più belle ville e le persone più ricche di Miami, con costanti inviti e feste. Professionalmente ero di successo – rappresentavo gli interessi di una banca svizzera in America Latina. Questo può essere considerato felicità. E lo ero.

Ma più tardi, quando questo splendore esteriore mi è stato tolto, sono diventato ancora più felice. Questa è una storia su di me e su altre persone, sul tema della vera felicità – quella interiore. **Dobbiamo imparare: non si tratta di venire al mondo per accumulare beni, ma per evolverci.**

Ci si può chiedere: quello che sto facendo ora mi aiuta a crescere? Sto aiutando gli altri a crescere o a ridurre la loro sofferenza e il loro caos (confusione)? Proprio nel mondo odierno, pieno di cose imprevedibili e azioni che prendono forma nelle menti delle persone – che siano sulla scena mondiale o in un rifugio per sfollati – la sofferenza e il dolore tra le persone sono grandi. Dobbiamo offrire loro il nostro ascolto. E dobbiamo donare loro speranza, luce e amore. Attraverso questo, anche noi cresciamo.

E crescere include, oltre al dare e alla gratitudine, anche il perdonare. Durante la vita, affrontiamo ingiustizie di ogni genere.

E noi stessi, a nostra volta, confrontiamo gli altri con atteggiamenti ingiusti – prima i nostri genitori, da bambini e adolescenti, con parole, accuse o pretese non piacevoli, e successivamente altre persone nel nostro ambiente.

Dobbiamo perdonare questi pensieri, parole e accuse negative rivolte a noi stessi, e perdonare gli altri per le loro azioni nei nostri confronti. Questo strumento del perdono è uno dei più importanti lungo il cammino verso la felicità. Perdono l'aggressore che ha fatto questo o quello a me o ai miei figli. E perdono me stesso per ciò che ho fatto agli altri.

Siamo entrambi: vittime e carnefici (aggressori). Ma c'è anche un'altra posizione: quella del liberatore, del salvatore, del redentore. Nella vita, passiamo da un ruolo all'altro: da vittime a carnefici, e poi a salvatori.
Dobbiamo provare a uscire da questo triangolo e osservare i ruoli da lontano. Dobbiamo diventare l'eroe o l'eroina – il narratore della storia – non la vittima di una storia. Sappiamo: non siamo i nostri geni. Solo il 10% di ciò che siamo è determinato dai nostri geni.

Se ci vediamo come ospiti su questo pianeta, distaccandoci dalla nostra identificazione, diventiamo osservatori dell'intero teatro. Guardando tutto da una distanza, possiamo adottare una prospettiva diversa, diventando sereni, allegri e raggiungendo la pace interiore.

La mia missione: rendervi felici, cari lettori – portarvi gioia, amore, allegria e leggerezza, e liberarvi dal peso del bagaglio che portate.

Immergetevi in questa nuova energia. Scoprirete voi stessi e il mondo che vi circonda con occhi diversi.

1. Capitolo: Cos'è la Felicità?

Essere felici, provare gioia e ridere fanno parte del programma fondamentale della nostra essenza umana. I bambini sono automaticamente felici. Perché non conoscono la paura. Perché non hanno ancora fatto esperienze negative nella vita (perdita del lavoro, perdita di denaro, perdita del partner, fallimento, inganno, corruzione, ecc.). Sono spensierati e avventurosi.
Si aprono all'avventura della vita. Vogliono scoprire e sperimentare – esplorare i propri limiti e quelli degli altri. Hanno fiducia. Vogliono giocare e divertirsi. Vogliono sorprendere e lasciarsi sorprendere. Vogliono gioire. La curiosità, la leggerezza e la voglia di vivere brillano nei loro occhi.

E noi adulti – cosa vogliamo? Anche noi vogliamo vivere avventure, mettere alla prova i nostri limiti; divertirci; giocare – con il denaro, la vita e il "fuoco". Ci bruciamo e ricominciamo da capo. Quando fa davvero male, ci fermiamo.

Anche noi adulti vogliamo fare esperienze simili ai bambini. Ma lo facciamo a un livello di consapevolezza diverso. E abbiamo già vissuto alcune esperienze negative. Il risultato di tutto ciò è che ridiamo meno, siamo meno spensierati e ci buttiamo meno nella vita rispetto ai bambini. E di conseguenza, proviamo meno felicità rispetto a loro.

Eppure, vogliamo cercare di riconquistare questo stato – di rivitalizzarlo – e di ritrovare il nostro bambino interiore. Guardare la vita con gli occhi di un bambino, tornare a essere giocosi, ricevere gioia, aprire i nostri sensi e iniziare a ridere di cuore.

Cosa deve succedere per recuperare questa spensieratezza e gioia infantile, questa fiducia divina? Si tratta di adottare una nuova visione della vita. Scopriamo una nuova leggerezza. La gioia di vivere si diffonde. Inizia una nuova vita.

> *"Se osi, cresce il tuo coraggio. Se esiti, cresce la tua paura."*
> Mahatma Gandhi

Ma iniziamo con la domanda: cos'è realmente la felicità? È la connessione tra la mia mente, il mio cuore e la mia anima. Tutto è in armonia, interconnesso. Nessuno vuole essere più importante dell'altro – né la mente (e quindi eventualmente l'ego), né il cuore né l'anima. L'anima è l'elemento più importante di questa triade – di questa connessione. Perché l'anima è integrata in noi già prima della nascita. È la base del nostro essere. È lei che dà il tono.

Crediamo che sia la mente a dettare le regole. No, non è così. È l'anima a indicare il nostro cammino – anche se la strada è accidentata, tortuosa e forse non etica o morale. Anche questa strada l'anima vuole sperimentare. E così percorriamo quel cammino – dobbiamo percorrerlo, affinché l'anima possa vivere quell'esperienza.

E in che modo il cuore gioca un ruolo in questa triade? Il cuore è il ponte tra la mente e l'anima. Il cuore ci dice cosa è giusto e cosa è sbagliato. È il metro di misura – la bussola. Se il mio cuore è puro, brilla e si sente bene, allora la mia mente e la mia anima sono in armonia. Tutti e tre si sentono bene. E allora sono felice. In quel momento raggiungo una salute mentale, emotiva e spirituale.

Tuttavia, non posso essere in questo stato in giovane età, perché – prima di raggiungere questa felicità interiore – devo attraversare le esperienze che la mia anima desidera vivere. La mente gioca tutti i giochi. Perché negli esseri umani esiste la polarità: il bene e il male, la positività e la negatività. Durante le azioni negative, il cuore viene semplicemente disattivato. Quelle positive sono accolte con gioia dal cuore.

Va aggiunto che questa triade è connessa con l'anima universale – l'energia cosmica – il che è un ulteriore motivo per il nostro sentimento di felicità. Ci sentiamo guidati, compresi e protetti.

La felicità è quindi una sensazione. Ci sentiamo leggeri, euforici, felici, spensierati. Potremmo spostare montagne. Il livello di endorfine (i nostri ormoni della felicità) raggiunge il massimo.

> *"La più grande meraviglia che esista*
> *è il mondo dentro di te. Osservalo."*
> Kurt Tucholsky

Eppure sento che molte persone nel mondo non sono felici – sia tra i poveri che tra i ricchi. La differenza tra poveri e ricchi è il denaro. I poveri possono persino essere più felici dei ricchi. Perché questa sensazione risiede nei loro cuori, irradiando gioia e felicità. I loro occhi sono lo specchio della loro anima. Vivono nel "qui e ora" e non nel passato o nel futuro.

Il povero non vuole "sempre di più", come spesso accade tra i ricchi. Tuttavia, il povero ha bisogno delle stesse cose del ricco: un tetto sopra la testa, cibo e acqua, istruzione e salute.

I ricchi credono di essere felici perché possono permettersi molte cose. Ma la ricchezza e il possesso possono anche essere un peso. Bisogna prendersene cura, aumentarlo e controllarlo. Alcuni temono di perderlo e si preoccupano. E poi arriva la domanda alla fine della vita: a chi lasceremo la nostra ricchezza? I nostri figli e nipoti ne faranno buon uso? Ho vissuto con persone ricche. Conosco le loro preoccupazioni, paure e pensieri.

Curt Engelhorn, ex patriarca dell'industria farmaceutica (Boehringer Mannheim), disse in vita: *"Per tutta la mia vita sono stato alla ricerca di calore e riconoscimento. Per gran parte della mia vita ho fallito."* Era un bambino trascurato, traumatizzato dal divorzio dei genitori. E diventò il padre di figli trascurati, traumatizzati dalle sue storie amorose. Apparteneva al mondo del grande denaro. Ma era solo e povero.

E così accade a molti. Tuttavia, pochi aprono il loro cuore e dicono cosa provano. Gli uomini potenti e di successo sono spesso induriti. Mostrano un carattere forte all'esterno, ma la loro anima si inaridisce. Funzionano finché la vita esteriore funziona. Poi segue un vuoto disperato.

Aristotele Onassis: *"Un uomo ricco è spesso solo un povero con molti soldi."*

Paul Getty: *"Avere denaro non libera dalle preoccupazioni legate al denaro."*

Nell'ottobre 2024 ho avuto il privilegio di essere invitato a un evento internazionale in India (Mt. Abu/Rajasthan). Si trattava di un centro di ritiro spirituale. L'obiettivo era l'auto-conoscenza e, con essa, la consapevolezza del corpo, della mente e dell'anima.

Durante questo ritiro ho potuto approfondire il mio viaggio interiore – ascoltare e sentire, rafforzare il mio sé interiore per diffondere la mia felicità nel mondo in futuro. I messaggi ricevuti e le conversazioni con i molti partecipanti durante la settimana di ritiro sono stati così ispiratori, curativi e illuminanti che mi risulta sempre più facile accettare e percorrere il mio ruolo nel mondo.

Ho avuto il privilegio di conoscere 70 persone provenienti da diversi paesi – Sudafrica, Kenya, Ghana, Mauritius, Seychelles, India, Giappone, Indonesia, Malesia, Vietnam, Dubai, Bosnia, Inghilterra, Svizzera, Italia, Spagna, Brasile, Trinidad, Canada e Stati Uniti.

Ho chiesto a ogni partecipante la loro opinione su come percepiscono il sentimento di felicità nella popolazione del loro specifico paese. Le risposte erano molto simili: le persone sono focalizzate sul materiale. Per questo motivo, molti sono sotto stress. All'esterno sembrano felici. Ma è solo apparenza – non essenza.

Già durante il viaggio in taxi di 4 ore da Ahmedabad a Mt. Abu, che ho condiviso con una giovane giornalista di Dubai, abbiamo parlato della felicità a Dubai. Naturalmente, ha detto, le persone lì sono felici perché vedono solo il lato materiale. Non conoscono la connessione con la natura e la spiritualità. La stessa risposta l'avevo ricevuta poco prima dall'Arabia Saudita, durante una fiera immobiliare a Monaco di Baviera/Germania.

A causa del nostro mondo materiale, il vero sentimento profondo di gioia e felicità si è perso. Tuttavia, molti lo desiderano ardentemente. Ciò significa che tutti noi, che possediamo questo sentimento profondo dentro di noi, siamo chiamati a portarlo nel mondo, a rendere le persone felici dal cuore e a diffondere luce e gioia.

Alla mia domanda sulla felicità, voglio menzionare il Giappone. La risposta viene da una professoressa universitaria di Hiroshima, la dott.ssa Fuyuko Takita. Riguardo alla felicità, mi ha raccontato delle tre fasi in Giappone:

Il Giappone antico: Grazie alla religione nazionale giapponese antica, lo Shintoismo, le persone raggiungevano una maggiore felicità interiore autentica, poiché i principi fondamentali dello Shintoismo valorizzano la purezza, l'armonia e il rispetto per la natura. Gli antichi giapponesi erano più connessi al divino e, in senso letterale, più felici.

Il Giappone moderno: Poiché il Giappone è stato modernizzato, similmente al mondo occidentale, l'economia giapponese è fiorita. Le persone hanno iniziato a diventare molto benestanti dal punto di vista materiale. Tuttavia, mentre godevano dell'abbondanza materiale, soprattutto le giovani generazioni in Giappone hanno iniziato a vivere una separazione sempre maggiore dal mondo spirituale.

Proprio come nel mondo occidentale: con l'aumento della soddisfazione e della prosperità materiali, molti giapponesi hanno cominciato a concentrarsi sulla competizione e sulla pressione del successo. Questo ha portato a un senso di vuoto interiore. E hanno iniziato a soffrire di ansia e depressione.

Mancanza di spiritualità e crescente individualismo: Sebbene il Giappone sia considerato un paese buddhista, pochissimi praticano il Buddhismo, e molte persone non hanno alcuna connessione con il divino né imparano nulla sulla spiritualità. Le giovani generazioni si stanno individualizzando sempre più e si allontanano sempre di più dalla società e dalla comunità. Poiché molti non possiedono la saggezza dell'identità spirituale, ovvero "Chi sono io?", indossano maschere e cercano di compiacere gli altri, senza vivere secondo il proprio vero scopo di vita. A causa di questa mancanza di saggezza spirituale, molti hanno perso il senso della vita – un concetto estremamente interessante per quanto riguarda la felicità in Giappone.

(Dott.ssa Fuyuko Takita, Università di Hiroshima)

Va aggiunto che in Giappone le emozioni vengono mostrate molto poco. Sono represse. Si cerca di evitare emozioni – in particolare quelle negative – e di salvare la faccia. Un esempio: una grande azienda ha costruito un nuovo edificio per uffici, dotandolo di una sala fitness, una sala relax e persino di una stanza completamente separata e con pareti spesse. Questo spazio era destinato ai dipendenti per sfogare le loro aggressioni represse, la rabbia e altre emozioni negative. Tuttavia, si è scoperto che nessun dipendente ha mai utilizzato quella stanza.

Ciò significa che i giapponesi trattengono le loro emozioni e non le esprimono. Questo è radicato nella cultura – il rispetto verso gli anziani e il non mostrare sentimenti veri e onesti.
Può una persona essere felice se non esprime i propri veri sentimenti? E il senso di connessione con qualcosa di più grande non è forse essenziale per sentirsi felici?

Diversa è invece la situazione emotiva nei paesi sudoccidentali del mondo – come in Spagna, Italia e America Latina. Qui le emozioni vengono mostrate. Ma questo rende le persone più felici? Non necessariamente, a meno che non ci sia un legame con una fonte superiore, come spiegato nell'introduzione.

Christina Carvalho-Pinto, produttrice cinematografica di San Paolo, riconosciuta a livello internazionale nel campo dei media trasformativi che uniscono creatività e consapevolezza, l'ho incontrata per la terza volta durante il ritiro a Mt. Abu. Lei scrive:

"Il Brasile è un gigantesco crogiolo di popoli e culture provenienti da ogni parte del mondo: dai nostri indigeni ai tedeschi e giapponesi, dagli africani ai cinesi, dagli italiani ai portoghesi, dagli spagnoli ai francesi e olandesi e molti altri.
Il risultato di questa affascinante mescolanza è un'anima brasiliana con caratteristiche uniche. Gioia, flessibilità, calore umano, creatività e resilienza vivono in noi in modo palpabile e originale.
Siamo felici? Le ricerche più recenti mostrano che l'83% dei brasiliani dice: 'Sì, sono felice.'
D'altra parte: quanto è profonda questa risposta in un paese, in un mondo così pieno di ombre?

Sì, la nostra natura brasiliana è la gioia e la felicità, ma nelle aziende le persone, a tutti i livelli gerarchici, soffrono di burnout, depressione e altri disturbi mentali. Depressione, ansia e suicidio stanno aumentando in modo inaspettato tra bambini e adolescenti.
In tutto il mondo, i decisori più potenti hanno ignorato (e continuano a ignorare) tutte le avvertenze sul cambiamento climatico, e ora stiamo vivendo l'era del cambiamento climatico.

Tuttavia, io sono felice e so che anche tu, Rafael, lo sei. Noi – e tante altre persone – consideriamo questo periodo una grande opportunità per diffondere felicità. Non è un sintomo di alienazione. È un puro ricordo di chi siamo e da dove veniamo. La consapevolezza dell'anima ci porta a sentire e condividere ciò di cui le persone hanno più bisogno: amore e pace, il vero cammino verso la felicità."

(Christina Carvalho-Pinto)

Ovviamente, non possiamo generalizzare la popolazione di ogni paese. Ci sono naturalmente eccezioni, persone che vivono in uno stato interiore profondo, ovvero a un livello di coscienza superiore.
Ad esempio, al nostro ritiro era presente un monaco proveniente da Durban, Sudafrica, che ha costruito nel corso di molti anni una profonda conoscenza interiore ed è molto soddisfatto di sé stesso e del mondo che lo circonda.

Inoltre, una giornalista molto saggia ed esperta al ritiro mi ha fatto notare un esempio in Nepal: Matthieu Ricard. È un monaco buddhista, scrittore e fotografo, noto per la sua felicità. Ha abbandonato la sua carriera scientifica per praticare il Buddhismo tibetano. Vive nell'Himalaya.
Non dobbiamo andare così lontano o così in alto per essere felici. È sufficiente trasformare il nostro io interiore. Il momento è maturo.

"La felicità" non è solo una parola, ma un nuovo movimento nel mondo – un mondo così pieno di preoccupazioni, paure, sofferenze e tristezza. Il mondo, ovvero le persone, ha bisogno di felicità, fiducia e di uno sguardo verso un nuovo mondo più bello – pieno di pace, profonda comprensione, consapevolezza e coscienza.

Cos'è la felicità? La felicità è il legame con la natura, il legame amorevole con altre persone, il legame di sé stessi con un'entità superiore. Anche una conversazione con il direttore del Global Hospital di Mt. Abu ha confermato questo. Quando guardiamo la vita – la nostra vita – con occhi diversi e con una profonda consapevolezza, ci sentiamo felici, anche se la vita dovesse giungere al termine.

Cosa è necessario per raggiungere la felicità? La meditazione – ovvero immergersi nel proprio sé autentico e ricevere messaggi, intuizioni, indicazioni e soluzioni alle questioni della nostra vita. Inoltre, dobbiamo esprimere i nostri sentimenti e non trattenerli o nasconderli. Questo ci libera dalla nostra gabbia interiore.

Dobbiamo anche avvicinarci agli altri, costruire un contatto con loro e, in futuro, creare una comunità. Le persone in molti paesi sottosviluppati sono un po' più felici proprio perché hanno una cerchia di conoscenti simili a loro e sono in stretto contatto. Questo accade meno nei paesi altamente sviluppati. Oggi esistono i social media, ma non possono sostituire un legame personale e sincero tra le persone.

"E dobbiamo orientare i nostri pensieri in una direzione positiva. Pianta pensieri positivi come semi. Lascia che il seme cresca. Poi emergerà il positivo."

2. Capitolo: Riflessioni sulla Serenità, il Sorriso e la Leggerezza

Quanto è bello vedere e osservare persone serene. Sono calme, rilassate e sembrano fluttuare leggere attraverso la giornata. Ogni volta che le vedo, il mio cuore si riempie di gioia.

La serenità è un modo fondamentale di vedere il mondo, noi stessi, gli altri, la vita e la morte. Si tratta del nostro atteggiamento verso la vita.

La serenità non nega la serietà del mondo. La accoglie e la trasforma. "L'umorismo è semplicemente un modo divertente di essere seri", disse una volta Peter Ustinov.

E Sigmund Freud aggiunse: "Ci sono biforcazioni lungo il cammino della vita, dove si può scegliere di non percorrere il sentiero delle preoccupazioni, ma quello del sorriso, o meglio, del riso. Fare la scelta giusta, decidere di non soffrire della vita, è un grande traguardo."

L'umorismo è la capacità di liberarsi dai traumi vissuti durante l'infanzia a causa dei genitori. Si guarda a se stessi da una posizione elevata e si sorride amorevolmente – delle proprie sciocchezze, errori e azioni. Perché la pressione dominante e opprimente del padre rappresentava per il bambino un trauma. Per molti, la serenità e il sorriso sono andati perduti a causa di questi e altri motivi. Ritrovare questa nuova visione del mondo e di sé stessi è quasi un dono.

I nostri pensieri sono infatti concentrati sul possesso e sul consumo. Solo quando ci liberiamo dall'ossessione del possesso, superando la paura di perderlo e adottando una nuova visione della vita, può emergere un po' più di serenità.

Ma in noi risuona ancora il messaggio dei nostri genitori e della società: sii diligente e produci molto. Il messaggio non è mai stato: sii sereno!

La serenità non si può prendere come una pillola, non si può ordinare su Amazon né frequentare un seminario per ottenerla. E leggere un manuale non è sufficiente.

Nella filosofia antica esiste il termine **"eudaimonia"**, tradotto spesso come felicità, ma non è corretto. Tutte le discussioni tra i filosofi antichi ruotavano intorno al cammino verso l'eudaimonia. Un ruolo importante in questo percorso era svolto dalla tranquillità dell'anima. Bisognava dedicarsi al lavoro, al piacere o alla modestia? Seneca affermava: "Ridurre le aspettative sulla propria vita; non essere attaccati alla vita. È meglio ridere della vita che piangerla. Quindi, niente sovraccarico personale, libertà dalle aspettative, indulgenza verso gli altri e verso sé stessi."

Come possiamo essere sereni nella vita reale – attingere alla leggerezza dentro di noi? Risposta: non dobbiamo sempre ridere. Ma possiamo sorridere e praticare gentilezze quotidiane, ascoltare gli altri. Possiamo mostrare agli altri il nostro interesse, curiosità, attenzione, benevolenza e conforto. In questo modo possiamo vedere la vita per ciò che è: un gioco.

Sono importanti il sorriso, la gentilezza, l'accettazione delle cose, la trasformazione, la leggerezza, la dolcezza, la bontà e l'equilibrio.

Ecco alcuni pensieri sul tema della felicità:

1. La vita è composta da gioia e felicità. Ma lavoro e denaro portano davvero alla felicità? No!
   Per 2.000 anni, i genitori e la società ci hanno detto di imparare e studiare per avere un lavoro e guadagnarci da vivere.
   Per 2.000 anni, la Chiesa e tutte le religioni ci hanno insegnato a lavorare per essere soddisfatti. Ma nessuno ci ha mai detto come essere felici nella vita.
   Studiare a scuola, frequentare l'università e lavorare non ci rendono felici.
   E nemmeno guadagnare denaro ci rende felici.
   Cosa ci rende felici? La risposta è qui – nel cuore.
   È tempo di cambiare la nostra consapevolezza e le nostre convinzioni, e di scegliere la felicità – nella vita, nel lavoro e con il denaro.

2. Siamo sulla Terra per fare esperienze – la nostra anima desidera vivere esperienze positive e anche meno positive.
   Non siamo qui per aggrapparci al denaro e all'ego. Possiamo ora liberarci di questi attaccamenti e abbracciare la gioia.

E la gioia proviene da una fonte che si trova in profondità dentro di noi.

Siamo connessi a una sorgente che è sempre presente e ci nutre. Lasciamo che questa sorgente si faccia sentire. Quando non abbiamo più nulla nella vita (ci è stato tolto tutto ciò che è materiale), rimane qualcosa di molto più prezioso di ogni bene materiale: la nostra connessione alla sorgente. Ed è questa che ci porta gioia.

Alcune persone nei Paesi più poveri portano dentro di sé questa saggezza. Nei loro volti si può vedere amore e gioia.

3. Possiamo acquistare vera allegria e gioia con il denaro? Possiamo comprare protezione contro il cancro o la demenza con il denaro? Possiamo portare con noi il denaro al momento della morte? La risposta è: no! Dobbiamo quindi riconsiderare il nostro attuale approccio al denaro. Il nostro attaccamento ai beni materiali non è più attuale. E il credere che "il denaro renda felici" è ancora meno vero.

   Dobbiamo trovare la gioia di vivere, la leggerezza e la spensieratezza dentro di noi e non all'esterno.

4. Quando siamo nell'allegria e nella gioia (e non nella paura), tutte le nostre azioni negative passate vengono guarite, specialmente le nostre cellule corporee, che potrebbero essere state colpite da cellule cancerogene.

Le cellule negative vengono eliminate, e ne crescono di nuove, positive.

La gioia è la forza trasformativa più grande. Guarisce tutto.

5. La paura è il più grande ostacolo dei nostri tempi ed è al contempo una sfida per ognuno di noi. I nostri pensieri ruotano costantemente intorno alla paura – paura di perdere il lavoro o lo status sociale, paura del fallimento o di perdite finanziarie. Possiamo sostituire la paura con l'amore.

    Quando siamo nella gioia, che è sinonimo di amore, non abbiamo più paura.

6. Molte persone si preoccupano di diverse cose. Questi pensieri di preoccupazione influenzano i nostri sentimenti. Attraverso una nuova visione – una nuova prospettiva – possiamo liberarci da questi pensieri. Avviene una trasformazione!

    Dobbiamo quindi fare attenzione ai nostri pensieri – avere solo pensieri positivi, ad esempio evitando notizie, media, stress, dipendenze, ego e imparando a gioire delle piccole cose: il sole, la natura, il sorriso delle persone, l'amore dei nostri figli.

7. Per liberarci dalla paura e dalle preoccupazioni, è utile lasciar andare il passato. Dobbiamo lasciare indietro vecchi pensieri ed emozioni. Essi ci impediscono di

accedere alla nostra forza e alla nostra energia. Solo lasciando andare il passato, si apre un futuro nuovo. Abbiamo il coraggio di abbandonare i vecchi sentieri e intraprendere nuove strade – essere pionieri e apripista. Sintonizziamoci su una nuova frequenza – verso una nuova leggerezza e gioia.

8. Dobbiamo oggi vedere la vita e tutto ciò che la circonda come un insieme. Perché tutto è connesso con tutto. E quindi oggi possiamo dire grazie.
Possiamo dire grazie per tutte le esperienze negative della nostra vita. Perché volevamo vivere queste esperienze. Ora le abbiamo vissute. E così, il capitolo è chiuso.
Un nuovo capitolo può iniziare – una nuova visione, un nuovo inizio di vita – l'inizio di un nuovo mondo. Benvenuto!
E possiamo dire grazie per tutte le esperienze positive che la nostra anima voleva vivere. Che gioia! Che ricchezza!

9. Oggi possiamo fare pace – con noi stessi, con i nostri genitori e con i nostri antenati. Possiamo perdonare loro e riconciliarci con loro.
Portiamo dentro di noi molte ferite – ferite che provengono dalla nostra famiglia, dai nostri antenati e dalla nostra infanzia.

Dobbiamo comprendere che anche i nostri genitori e nonni hanno subito queste ferite. E qualunque cosa sia accaduta nella nostra infanzia: anche i nostri genitori e nonni hanno affrontato destini difficili. E noi portiamo tutto ciò nel nostro sistema. Ora queste ferite possono essere guarite.

10. Oggi possiamo avere fiducia. Il mondo e le persone sono privi di fiducia. Non avere paura. Esiste qualcosa di più grande che ci guida. Con il nostro piccolo intelletto, non possiamo percepire ciò che è più grande. Ma esso c'è. Siamo connessi a qualcosa di superiore. Esiste un legame.
E quindi possiamo avere fiducia e non avere paura. Quando siamo nella fiducia, possiamo anche lasciar andare. Solo chi ha paura si aggrappa e non lascia andare.

11. Il mondo oggi si trova a un bivio e l'umanità di fronte a una scelta. L'uomo ha la libertà di decidere se seguire un percorso o l'altro.
Un percorso è l'attaccamento al passato – al denaro, al lavoro, ai beni materiali e, con essi, la paura di perdere tutto ciò che è vecchio; ed è la lotta.
Oppure si può scegliere il nuovo mondo – senza paura, senza lotta, senza attaccamento – vivendo semplicemente l'oggi e confidando nel domani –

nella gioia, leggerezza e felicità, con uno sguardo interiore che "vede" il nuovo mondo.

Il vecchio mondo non conduce a nulla. Il nuovo mondo porta all'elevazione dell'umanità e della Terra, alla guarigione e alla pace.

12. L'aspirazione al "sempre di più" non porta felicità né salute. Dobbiamo smettere di basare la nostra gioia e felicità sulle cose esteriori e iniziare a cercarle e trovarle dentro di noi.

    Un nuovo modo di vedere noi stessi e la nostra vita – il nostro approccio verso le persone, la natura e le risorse – cambia noi stessi e il mondo.

    Ed è proprio questo il punto: tutti noi desideriamo creare un mondo più bello per noi stessi, per i nostri figli e per i nostri nipoti. Come possiamo raggiungere questo obiettivo? Per prima cosa, deve accadere qualcosa dentro di noi. Dobbiamo lavorare su noi stessi. Il cambiamento inizia al nostro interno: più cuore, amore e umanità.

13. Quando siamo gioiosi e felici, le nostre relazioni con aggressori, nemici e familiari vengono guarite. Allora li vediamo come amici e realizziamo con loro progetti comuni che portano alla gioia.

    Si tratta quindi di un circolo: se siamo nella gioia, la gioia ritorna a noi. E possiamo ispirare altre persone a cambiare prospettiva e abbracciare la felicità.

14. Immagina una situazione in cui eri incredibilmente felice. Ricorda un momento, ad esempio da bambino, quando giocavi sulla spiaggia. Il sole splendeva, le onde si infrangevano. C'erano altri bambini con secchielli, palette, setacci e altri giocattoli. Ti avvicinavi. Giocavate insieme, costruivate un castello di sabbia e usavate i giocattoli.
    La sera tornavi a casa con i tuoi genitori. Era stata una bella giornata felice. Volevi portarti i giocattoli a casa? No! Erano lì per essere usati – da tutti!
    Non dobbiamo assecondare il nostro ego attraverso il possesso.

15. Immagina un'altra situazione in cui eri felice – forse da adolescente o adulto. Eri innamorato. Cosa ti hanno fatto provare quei sentimenti di felicità? In quel momento, le cose materiali avevano un ruolo? La tua istruzione, il tuo lavoro, la tua macchina, il tuo appartamento avevano importanza? Eri felice? Perché? Per il tuo essere innamorato o per il possesso di beni materiali?

16. Di cosa hai bisogno per essere felice? Di un'auto (che è solo uno strumento per andare da A a B, non un oggetto che rende felici – nemmeno una Ferrari)?
    Di cosa hai bisogno per dormire bene? Io ho bisogno di tranquillità!
    Hai bisogno di un appartamento di proprietà per questo?

Hai bisogno di una cucina di lusso per preparare cibo buono e sano?

Io ho bisogno di persone intorno a me. Allora sono felice. Hai bisogno di un grande appartamento per questo? No! Ho bisogno di bellezza. E la trovo, ad esempio, quando viaggio in treno e osservo il paesaggio con prati verdi, fiori gialli, montagne, laghi e chiacchiero con passeggeri gentili.

17. Devo possedere tutto: auto, casa, cavallo da corsa, yacht a motore o a vela, casa per le vacanze, per essere felice? No! Le cose non posso comunque portarle con me quando lascio questa terra.
Ho bisogno di alcune di queste cose per vivere. Ne ho bisogno per usarle, ma devo possederle? Sono più felice se le possiedo?
Forse "sì", perché dall'infanzia ho interiorizzato la sensazione che solo possedendo cose posso sentirmi bene. Questo però è un problema psicologico!

18. Quando siamo gioiosi e felici, cresce anche il denaro. Perché le nostre azioni negative passate legate al denaro vengono eliminate. E nuovo denaro arriva a noi. E poi lo utilizziamo per cose che servono a noi (al nostro cuore) e al mondo, non solo per generare un guadagno monetario, ma soprattutto un guadagno immateriale: la gioia – la gioia di vedere come l'investimento cresce, sia nei campi che nelle persone.

19. Abbiamo sentito: quando siamo nella gioia, cresce anche il denaro. Ecco una metafora:

    Quando piantiamo un albero, iniziamo un nuovo progetto, troviamo un nuovo amore, ecc., e ci mettiamo tanto cuore, amore e spirito nelle radici e nella terra, allora l'albero, la pianta, il progetto, l'investimento, il denaro crescono e fioriscono. **Perché con la nostra coscienza superiore cresce tutto ciò in cui la impieghiamo.**

    Il rendimento è globale: non solo materiale, ma anche immateriale: **gioia di vivere, salute, entusiasmo, leggerezza, senso della vita**.

20. Cosa hanno in comune il denaro e la leggerezza? Nulla! Solo quando vediamo il denaro in modo diverso, entra in gioco la leggerezza. Ma noi umani vediamo il denaro come qualcosa di "pesante". Ed è freddo. Non sembra caldo. Tuttavia, se ridiamo e siamo felici, anche il denaro si rallegra.

    Se vogliamo accedere alla leggerezza, dobbiamo guardare al denaro con gioia. Allora arriva a noi con leggerezza e felicità. Perché diamo valore al denaro. Il denaro vuole essere "visto" e "riconosciuto" – percepito come energia. Allora torna da noi – e in abbondanza.

21. La cosa più importante nella vita: la salute mentale e la soddisfazione. La soddisfazione è la base per la salute mentale, emotiva e spirituale. Quando siamo soddisfatti interiormente, non abbiamo bisogno di accumulare tanti beni materiali all'esterno.

Come raggiungiamo la soddisfazione?

Si tratta di unire:
valori interiori ed esteriori,
il dentro e il fuori,
il materiale e lo spirituale,
l'energia maschile e quella femminile,
l'individuo e la società,
l'emisfero sinistro e quello destro del cervello.

In questo modo si crea un equilibrio (Yin/Yang). E così si genera armonia – dentro l'essere umano e tra gli esseri umani. Ne deriva armonia.

Attraverso questa unione, le persone raggiungono una consapevolezza più elevata. Il risultato del nostro cambiamento e della nostra nuova visione è: **felicità, gioia, senso, soddisfazione e quindi salute**.

22. Conclusione: la fonte della salute e della guarigione si trova dentro di noi. Questa fonte, e quindi la felicità, la scopriamo attraverso la conoscenza di noi stessi e il focus sulla nostra ricchezza interiore, piuttosto che su quella esteriore. Questo nuovo spirito e uno stile di vita sano portano alla felicità.
Quando integriamo luce (= frequenza più alta), amore e leggerezza nella nostra vita, creiamo allegria, soddisfazione interiore e salute.

23. Per ottenere successo nella salute mentale e spirituale, è necessaria una trasformazione profonda nel modo di pensare dell'umanità. Dobbiamo imparare a vivere in modo sano, ad esempio:
   - senza aspirare al "di più" (più consumo, più guadagni...),
   - senza attaccamento all'ego e ai valori materiali,
   - senza dipendenza da cellulari (notizie) o altre forme di dipendenza,
   - senza stress (in famiglia, al lavoro, nei mezzi di trasporto o in auto),
   - evitando una cattiva alimentazione (sale, zucchero, fast food),
   - praticando molta attività fisica nella natura,
   - dormendo a sufficienza,
   - coltivando pensieri positivi,
   - meditando ogni giorno,
   - sorridendo costantemente.

24. Come sono arrivato all'allegria e alla gioia? Come ho raggiunto la felicità interiore? Attraverso il lasciar andare dell'ego, dei beni materiali e della ricerca di riconoscimento, così come del successo esteriore; attraverso la gratitudine per ciò che ho vissuto; attraverso il perdono; attraverso la meditazione; attraverso uno stile di vita sano, e altro ancora.

Non esiste una ricetta. Bisogna viverlo e sentirlo.
"There is no road to happiness.
Because HAPPINESS is the road."
Non esiste una strada per la felicità.
La felicità è sempre stata la strada.

3. Capitolo: Scopri la Forza dentro di te

Sei venuto al mondo per contribuire a portare tutti noi verso una consapevolezza superiore. Per fare ciò, è necessario entrare nel silenzio e lavorare su te stesso!

In questo momento, non si tratta tanto di fare grandi passi verso l'esterno. Si tratta prima di tutto di attraversare i processi interiori. E qui è importante entrare completamente nella tua forza personale. Indipendentemente da ciò che sta accadendo all'esterno.

Liberati da tutto ciò che ancora ti impedisce di essere nella tua forza.
- Dove hai ancora limitazioni?
- Dove hai ancora convinzioni che ti rendono piccolo?
- Dove ci sono ancora persone attaccate a te, che ti impediscono di entrare veramente nella tua forza?
- Quali modelli di comportamento hai ancora che ormai non sono più appropriati e non ti fanno bene (guardare troppe notizie negative, cattiva alimentazione, cattive abitudini di vita)?

La vita ti sta mostrando chiaramente dove devi ancora muoverti. I vecchi modi non funzionano più. Quindi apriti ora alla nuova energia che vuole venire in questo mondo attraverso di te!

La tua energia pura, la tua forza originaria – la forza che può trasformare tutto – è dentro di te. Solo che hai chiuso le porte a essa. Ora è il momento di riaprirle e di ritornare veramente nella tua autentica forza personale. Indipendentemente da ciò che accade all'esterno. E completamente indipendentemente da ciò che le altre persone nel tuo ambiente fanno o non fanno.

Si tratta di te. Si tratta del tuo cammino. Si tratta della tua forza. Abbi il coraggio di intraprendere nuovi percorsi. Percorsi che forse nessuno prima di te ha mai intrapreso. Ma che ora devono essere percorsi!

(Testo di Henrike Pelaez)

I segni puntano sempre più verso il cambiamento. Cosa non ti serve più nella tua vita (forse vecchi schemi di pensiero, emozioni negative che devono essere lasciate andare; persone che non ti fanno più bene; situazioni di vita che vogliono essere cambiate) e cosa vuoi invitare nella tua vita (forse più gioia, persone con campi vibrazionali positivi, nuovi progetti che aiutino te e il mondo)? Rifletticci un po'.

Mai come ora è necessario un cambiamento di mentalità. È tempo di lasciare andare le vecchie ferite e risvegliarti al tuo essere autentico. Chiediti: chi sono veramente – chi sono, prima che il mondo (genitori / società) iniziasse a "programmarmi", prima che mi adattassi per soddisfare i miei genitori, la società? Come è il mio "Io autentico"?

Ogni cambiamento inizia dentro di noi. Ti invito a uscire dalla tua zona di comfort insieme a me. Lasciare dietro di te vecchi schemi di pensiero ed emozione. E per questo, soprattutto: lasciare andare il passato. Non il buono. Ma ciò che ti trattiene dall'essere nella TUA forza e completamente autentico nella TUA energia.

Solo lasciando andare il passato, si può aprire un futuro completamente nuovo davanti a noi. E questo è ciò di cui abbiamo così tanto bisogno in questo mondo. Uscire dai vecchi schemi (di reazione), entrare in una nuova leggerezza e gioia. E per questo ci vuole coraggio. Coraggio per abbandonare i sentieri abituali e intraprendere nuovi percorsi. Essere pionieri e precursori. Sintonizzarti su una nuova frequenza, creare nuove prospettive e permetterti ogni giorno di più di essere nella tua autentica forza!

Insieme possiamo lasciarci alle spalle il passato e creare un nuovo futuro per tutti noi. Tutto inizia sempre con la consapevolezza di voler cambiare qualcosa nella vita. Sapere cosa vuoi lasciare andare e cosa invece vuoi invitare nella tua vita. Pertanto, prenditi un momento tranquillo per riflettere sulle domande sopra elencate.

Quindi, si forma un'intenzione potente, utile per riorientarsi. Ad esempio: "Ho l'intenzione di congedarmi quest'anno dalle mie paure e limitazioni, per attivare il mio potenziale e vivere una libertà ritrovata. Per questo voglio circondarmi maggiormente di persone positive che mi ispirano e mi aiutano a essere nella mia forza."

E ora arriva la parte più importante: il "lavoro" interiore quotidiano. Sì, è necessario fare qualcosa ogni giorno affinché i cambiamenti positivi possano realmente accadere. Ciò che fai dipende molto dalla tua intenzione. Poiché ogni cambiamento inizia dall'interno, sarebbe ottimale guardare al proprio interno: cosa posso fare per essere in buone energie? Cosa mi aiuta a entrare nella mia forza? E qui ci sono infinite possibilità: passeggiate, cantare mantra, meditare, fare digiuni da notizie e media, partecipare a seminari per trarre ispirazione, ascoltare musica curativa, ridere, ballare, cantare...

Credo in un mondo nuovo. Credo che proprio ora sia il momento giusto per lasciarci alle spalle il passato e tornare finalmente alla nostra forza originaria. E più persone avranno il coraggio di percorrere questa strada, liberarsi dai vecchi schemi di pensiero ed emozione, lasciare andare il passato per scoprire chi sono veramente e cosa ancora racchiudono in loro, tanto più rapidamente si vedranno cambiamenti positivi in questo mondo.

(Testo di Henrike Pelaez)

Portiamo tutti dentro di noi una meravigliosa frequenza dell'anima. Ma ci siamo così intrecciati nelle complicazioni del mondo da dimenticare completamente ciò che siamo veramente.

In questo momento, arriva così tanta nuova luce nel mondo e con essa possibilità inimmaginabili. Non è mai stato così facile come ora lasciarci alle spalle tutte le limitazioni. Si tratta di entrare in una nuova e, in realtà, antichissima frequenza vibratoria. Non rendere più reali i vecchi ruoli e storie, ma avere il coraggio di intraprendere nuovi percorsi. I TUOI percorsi!!!!

Metti in discussione tutto ciò che ritieni vero, perché ora può perdere la sua validità e può mostrarsi una nuova, più alta verità! Diventa vuoto – solo così può arrivare il nuovo. E poi guarda cosa potrebbe emergere da questa vuotezza attraverso di te nel mondo!

Quanti concetti, ruoli e identificazioni portiamo con noi che in realtà non ci appartengono? Un tempo ci è stato detto come dovevamo essere (per essere amati dai genitori o per adattarci alla società / scuola) e come non dovevamo essere. Ci è stata tolta la parola quando eravamo "impertinenti" e ci è stato chiesto di diventare "qualcosa" (facendoci perdere il senso di essere semplicemente abbastanza). Mia nonna insisteva sempre sul fatto che fossi educata, diplomatica e ben vestita. Ma, nel profondo, ero selvaggia, giocosa e diretta :) Quali caratteristiche sono state soppresse in te?

Hai il coraggio di essere davvero fedele alla tua verità? O hai paura di mostrarti? Sai ancora quale è la tua verità? Chi sei e cosa ti caratterizza nel profondo?

Quali ruoli (di donna / uomo, madre / padre, dipendente, ecc.) hai assunto che non corrispondono veramente alla tua essenza? È tutto ciò che abbiamo imparato, con cui ci identifichiamo, davvero vero?

Che cosa vuoi veramente portare in questo mondo?
"Se fai qualcosa che faresti anche senza essere pagato e questo ti riempie, ma lo fai così bene che gli altri sono disposti a pagarti per farlo, allora questo è un indizio che hai trovato la tua missione nella vita!"
Qual è questa cosa... la risposta è solo dentro di te... e la troverai solo se lasci andare tutto ciò che non sei e entri nel silenzio!

Lasciamo per un attimo tutte queste identificazioni, ruoli e concetti. Tutto questo non è ciò che siamo veramente. Strati dopo strati, muro dopo muro (abbiamo costruito muri di protezione / muri del cuore a causa delle molte ferite) dobbiamo smantellare per scoprire chi siamo veramente. Completamente liberi. Completamente autentici. Completamente veri. In questo caso, senza considerazione. Perché questo tipo di considerazione porta solo a ulteriori limitazioni. Quando trovi il tuo vero nucleo, avrai automaticamente più amore. Più gioia. Più forza. E più pace. Per te e per le persone intorno a te!

Ma non lasciare che altre persone che vibrano diversamente da te ti trattengano ulteriormente. In loro presenza, non devi abbassare le tue vibrazioni o rendere la tua luce più piccola. È il momento di svegliarsi. Ricordare i tuoi alti campi vibrazionali e tornare a essere autenticamente te stesso. In questo modo, trasformerai il tuo piccolo mondo – e anche il mondo in grande.

Il tempo dei piccoli passi è finito. Abbi il coraggio di portare grandi cose in questo mondo. E qui il lavoro inizia sempre dall'interno: smantelliamo le nostre limitazioni e restrizioni interiori – così si aprono nuovi (antichi) spazi dentro di noi e automaticamente – se siamo pronti a lasciare andare i desideri dell'ego – il cambiamento può arrivare nella nostra vita, che ora è necessario per noi e per tutti gli altri!
Abbi il coraggio di lasciare andare le tue limitazioni e i desideri dell'ego e poi scopri tutto ciò che è dentro di te!

(Testo di Henrike Pelaez)

"Il coraggio non è l'assenza di paura, ma il trionfo su di essa."
Nelson Mandela

Solo tu hai il potere, l'esperienza, l'amore e la capacità di governare la tua vita. La forza è già lì, dentro di te, che aspetta il tuo risveglio. Senti questa forza in te. Esplora il tuo cuore e la tua anima e lascia fluire la tua forza verso l'esterno. Non cercare più all'esterno. Sei abbastanza per te stesso. E dentro di te troverai tutto ciò di cui hai bisogno. Fidati della tua forza interiore. Così troverai:

- Coraggio
- Serenità
- Compassione
- Pazienza
- Persuasione
- Forza di volontà.

Abbi fiducia che puoi farcela.

E apriti alle tue ombre, non per eliminarle, ma per osservarle con amore e dominarle dolcemente. Trasforma le tue ombre in forza. Puoi trasformarle accettandole, rispettandole e accogliendole con amore. Solo ciò che rifiutiamo dentro di noi può distruggerci. Ciò che amiamo e accettiamo come parte di noi ci rafforzerà e proteggerà.

4. Capitolo: Le Sfide della Felicità

Ognuno desidera provare la sensazione di felicità, soddisfazione nella vita, gioia, leggerezza, entusiasmo, umorismo, curiosità, creatività, spiritualità e saggezza.

La scienza afferma che l'essere umano è composto per l'80% da emozioni. Queste non sono sempre di natura positiva. I sentimenti negativi hanno generalmente una cattiva reputazione. La rabbia può portare al superamento dei limiti, la gelosia può distruggere le relazioni e nessuno vuole essere circondato costantemente da persone che emanano tristezza e pesantezza. Questi sentimenti sfidanti spesso rimangono nascosti, poiché molte persone trovano difficile parlarne. Tuttavia, i sentimenti negativi possono fornire importanti indizi sui nostri bisogni.

Dobbiamo quindi imparare a diventare consapevoli delle nostre emozioni e a gestirle. Altrimenti, rischiamo che giochino alla roulette con noi o che danzino il tango sulla nostra vita. E dobbiamo imparare a parlare dei nostri sentimenti.

Non riuscivo a parlare delle mie emozioni quando ero bambino e neanche da adolescente. Solo dopo essere arrivato in America Latina, aver vissuto lì a lungo e aver osservato le persone esprimere naturalmente le loro emozioni, ho iniziato ad aprirmi. Anche io ho iniziato a mostrare i miei sentimenti.

Tornato successivamente ad Amburgo, sono diventato consapevole delle mie emozioni nei confronti della mia famiglia. Le emozioni represse durante l'infanzia e l'adolescenza sono emerse gradualmente. Sono venute alla luce situazioni familiari e provocazioni che mi hanno provocato rabbia, aggressività, rancore e tristezza. Mi sentivo sminuito, non ascoltato, escluso, considerato stupido – non astuto/subdolo, avido e immorale come invece percepivo la mia famiglia.

Oppure ero arrabbiato con i miei colleghi o la mia famiglia, poiché mi ostacolavano con bugie. Non potevo quindi essere allegro e felice, né prima del mio periodo in America Latina né dopo. Scriverò di più su questo argomento nel capitolo 6.

Ma non erano solo le situazioni familiari, bensì anche quelle lavorative e della vita in generale, a ostacolare la mia felicità. Per esempio, non mi fu concesso un compenso economico per le mie eccezionali performance in banca. Fu una lotta durata sei mesi. Ero irritato e aggressivo, incapace di dormire per notti intere.

Molte persone, nel corso della vita, si imbattono in situazioni che mettono alla prova la loro felicità. Una delle barriere è l'ambizione personale. Già durante l'infanzia e l'adolescenza, l'ambizione può entrare in azione. Di certo, prende piede durante la formazione scolastica e dopo l'ingresso nel mondo del lavoro.

L'essere umano desidera raggiungere questo o quello – una posizione più alta in azienda, uno stipendio migliore, una casa, un'auto, costruire una famiglia, fare più vacanze...

Quando i desideri non si realizzano, alcune persone diventano inquieti, arrabbiati, stressati. E in queste condizioni, la felicità non può emergere in primo piano.

Un altro tema è la frustrazione, che anch'io ho sperimentato molto spesso. Perché ci sentiamo frustrati? Sono le aspettative non soddisfatte a frustrarci, per esempio, i miei affari non conclusi, la mancata acquisizione di nuovi clienti, i guadagni in borsa non realizzati o i profitti mancati, l'insuccesso in amore, ecc.

Conclusione: dobbiamo separarci dalle energie che non ci fanno bene. Dobbiamo anche mettere in discussione e rielaborare le convinzioni apprese durante l'infanzia. Molti dei problemi e delle sfide che affrontiamo da adulti hanno origine nella nostra infanzia – nella nostra educazione, nelle esperienze vissute, nei genitori. Questo può arrivare fino a condotte criminali. Un bambino che ha subito violenza domestica, abusi sessuali o altri traumi da parte dei genitori potrebbe mettere in atto tali esperienze in età adulta.

I disturbi psicologici nell'infanzia necessitano di guarigione prima che portino a comportamenti delittuosi in età avanzata. Inoltre, è necessario discutere di questi temi già a scuola e implementare misure preventive. Anche qui, è necessario un ripensamento e un nuovo approccio. Non si tratta più di combattere i sintomi, ma di affrontare le cause.

Dobbiamo aiutare i giovani che, a causa di traumi infantili o esperienze vissute durante il periodo prenatale, sono stati condotti verso rabbia, aggressività e odio. Dobbiamo evitare che, in futuro, ricorrano alle armi per sfogare la loro sofferenza sugli altri. Queste persone necessitano di supporto psicologico. La loro anima potrebbe forse desiderare di far del male ad altri, ma se ricorrono alla violenza è un chiaro segnale che c'è un problema interiore. Tali problemi devono essere trattati e ne vanno identificate le cause.

E come detto prima: è necessario iniziare già nella prima infanzia, osservare e sensibilizzare bambini e genitori su questi aspetti. Successivamente, a scuola, si deve insegnare sui conflitti familiari e le conseguenze psicologiche, oltre a introdurre misure preventive per evitare esplosioni di violenza in futuro.

Dobbiamo quindi prestare maggiore attenzione allo sviluppo precoce e al supporto dei bambini, affinché possano affrontare con successo la loro vita futura e per evitare la ripetizione dei comportamenti vissuti dai loro genitori. L'energia dell'ambiente familiare non ci abbandona automaticamente una volta lasciata la casa dei genitori. Essa ci segue. A un certo punto, dobbiamo separarci dalle energie distruttive.
La salute psicologica è quindi un tema di estrema importanza – non solo per gli adulti, ma fin dall'infanzia.

Ci sono però anche altre questioni interiori che riguardano persone che da bambini non si sono sentiti "viste" dai propri genitori. Questi bambini sono stati accuditi ma emotivamente lasciati soli: Chi sono io? Cosa posso fare? Chi mi aiuta ad essere coraggioso e fiducioso? Questi bambini non hanno subito violenze né abusi. Tuttavia, portano dentro di loro ferite sottili, i cui segni rimangono per tutta la vita. Questo profondo senso di abbandono può continuare. Il risultato è che alcune persone si buttano nell'attivismo o iniziano a bere o a fare altre cose, come il gioco d'azzardo. Dobbiamo affrontare i nostri traumi.

Le ferite emotive rappresentano una delle più grandi sfide. E queste non ci rendono felici.

Dobbiamo evitare di ripetere i modelli che hanno segnato la nostra infanzia e che non ci hanno reso felici. Dobbiamo riconoscere e nominare le nostre ferite infantili. Molte persone sono afflitte da temi come "amore, infanzia, relazioni": come amiamo, come combattiamo nelle nostre relazioni – tutto questo è legato alla nostra infanzia. Molti problemi relazionali derivano da questioni irrisolte dell'infanzia. Anche ferite, come un padre che guarda il figlio durante uno sport e si arrabbia perché commette errori. Alcuni genitori definiscono il bambino come inutile.

I bambini non capiscono che gli adulti stanno combattendo con i propri conflitti quando li sgridano. Non si rendono conto che la rabbia dei genitori ha solo in parte a che fare con loro – un grave malinteso, poiché da queste ferite nascono convinzioni che facciamo nostre senza rendercene conto. Ad esempio:

- Non sono abbastanza bravo.
- Devo essere perfetto per essere amato.
- Ho valore solo se ottengo qualcosa.
- Non posso fidarmi di nessuno.

Dobbiamo fare pace – con noi stessi e con i membri della nostra famiglia. Portiamo molte ferite dentro di noi – ferite che provengono dalla nostra famiglia/antenati e dalla nostra infanzia. Dobbiamo capire che anche i nostri genitori e nonni hanno sofferto queste ferite e le portano dentro di loro. E qualunque cosa sia accaduta nella nostra infanzia: anche i nostri genitori e nonni hanno subito destini dolorosi.
E portiamo tutto questo nel nostro sistema (fino alla vecchiaia). Devono essere guariti. Dobbiamo liberarci di queste ferite, ad esempio, il dolore di non essere visti, di essere lasciati soli, l'assenza emotiva della madre/del padre, il non essere amati, ecc.

Ci sono quindi molte sfide che ostacolano il cammino verso la felicità e che non conducono a questo obiettivo. Quando le persone litigano, quando sono arrabbiate e furiose, quando sono frustrate o invidiose, quando vogliono sempre di più e non sono mai soddisfatte, e soprattutto quando hanno paura (e ci sono molti tipi di paura), non possono essere felici.

Essere soddisfatti con poco rende felici. Grazie a ciò non ho più l'ossessione di volere sempre di più, di comprare, di consumare. Questo elimina anche lo shopping per frustrazione, una pratica comune soprattutto tra le donne. Basta fermarsi – sentire la pace interiore – godersi un raggio di sole. Questo rende felici.

> *"Chi ha trovato se stesso una volta,*
> *non può più perdere nulla in questo mondo."*
> Stefan Zweig

Un altro esempio di mancanza di autentica felicità l'ho osservato in Svizzera. Sebbene il Paese sia tra i più ricchi al mondo e, di conseguenza, anche i suoi abitanti, a mio parere non sono realmente felici. Le cause sono molteplici. In ogni caso, l'origine di queste ragioni risiede nella storia del Paese e quindi nelle singole famiglie in cui è nata l'attuale generazione. Ciò significa che anche i loro genitori e antenati non hanno vissuto e sperimentato una profonda felicità.

Poiché il mio background riguarda l'ambito finanziario, esamino questo tema in particolare da questa prospettiva. Il denaro ha un alto valore tra gli svizzeri. Ma non si parla di denaro. Rimane un tabù. Proprio in questo ritengo risieda una delle cause che ostacolano la vera felicità. Da un lato, c'è una grande attenzione al denaro. Dall'altro, non sempre questo denaro è pulito. I medici delle cliniche psichiatriche non hanno ancora affrontato il tema del denaro e la sua correlazione con le malattie mentali. Io stesso ho fatto notare questo aspetto ad alcuni di loro.

La Svizzera detiene il più grande mercato offshore per i capitali internazionali. Tuttavia, non tutti questi capitali sono stati acquisiti in modo pulito. Questo non interessava agli svizzeri e, in particolare, alle banche, agli avvocati, ai notai e agli amministratori fiduciari. Solo negli ultimi 10-20 anni si è posta maggiore attenzione all'origine dei capitali. Tuttavia, ci sono consulenti che continuano a rendere irriconoscibili o a offuscare questi capitali non puliti attraverso strutture.

I capitali degli zar russi all'inizio del secolo scorso, i capitali della Persia negli anni '30, i fondi dei curdi, i beni degli ebrei durante la Seconda guerra mondiale, nonché i capitali di autocrati africani e latinoamericani e oligarchi russi, sono finiti tutti in Svizzera. Sappiamo che una parte di questi capitali è macchiata di sangue. Questo ha un impatto sul Paese e sull'animo degli svizzeri.

A ciò si aggiungono le numerose organizzazioni internazionali e aziende, molte delle quali hanno sede a Ginevra o a Zugo. Anche in questo caso, non sempre vengono adottate pratiche commerciali moralmente ed eticamente corrette, generando così denaro non pulito.

Questo pesa sull'anima della Svizzera e dei cittadini svizzeri.
Un ulteriore punto da menzionare è l'appropriazione di capitali altrui da parte degli svizzeri. Tempo fa, ho sentito per strada un cittadino svizzero dire a un altro: "Dovresti essere grato che ci sia stato Hitler." Inizialmente, non riuscivo a capire il significato

di questa affermazione, ma successivamente l'ho compresa. Alcuni svizzeri tedeschi erano favorevoli a Hitler, mentre altri erano contrari. Tuttavia, Hitler e la guerra hanno riempito le tasche di alcuni svizzeri – privati, aziende e istituzioni – come le raffinerie d'oro, il signor Emil Bührle, e altri.

I capitali che tedeschi e altre nazionalità avevano affidato a banche, assicurazioni, avvocati o amministratori fiduciari svizzeri durante la guerra, sono stati restituiti solo se i discendenti potevano fornire prove al 100%. Ma queste prove non potevano essere fornite. I titolari dei conti erano morti nei campi di concentramento. E tutta la corrispondenza (estratti di deposito e di conto, documenti di casseforti, ecc.) era stata trattenuta dalle banche durante la guerra per motivi di sicurezza. Pertanto, i discendenti non avevano documenti bancari e, di conseguenza, nessuna prova dell'esistenza di un conto familiare in Svizzera.

Le banche svizzere, gli avvocati, ecc., hanno accumulato molta colpa appropriandosi delle ricchezze dei loro clienti. Morale ed etica non avevano alcun ruolo. Le banche, le assicurazioni, gli avvocati e il capitale iniziale di alcune delle famiglie più ricche della Svizzera sono macchiati del sangue e della morte dei titolari originali dei capitali.

I discendenti di questi svizzeri portano il peso del dolore della loro famiglia. L'alta percentuale di suicidi tra i giovani svizzeri e la loro depressione sono in parte legati all'acquisizione non etica delle ricchezze familiari originarie.

Oltre ai temi finanziari e psicologici, esiste anche una generale riservatezza e discrezione tra gli svizzeri che, a mio avviso, derivano dall'acquisizione non etica di denaro. L'introversione, la mancanza di trasparenza e il mistero, specialmente tra gli svizzeri tedeschi, sono legati al passato della Svizzera. Ciò si collega alla gestione, alla custodia e all'appropriazione indebita di capitali altrui.

Non si parla di denaro. Si tace. Perché c'è qualcosa da nascondere. E questo segreto lascia un'impronta sull'anima. Non è libera. Non si sente libera. È repressa – come molti svizzeri.

E questo si percepisce ancora oggi, nelle generazioni attuali: rigidità, chiusura, mancanza di spontaneità. Ovviamente, ci sono anche altri fattori che contribuiscono. Ma l'ambiente familiare e il tema del denaro hanno un grande impatto. Non si è mai imparato ad abbracciarsi. Ai bambini manca l'abbraccio affettuoso – l'amore sentito.

Se esista una causalità tra l'acquisizione di denaro non etico o l'appropriazione di fondi dei clienti e la mancanza di una profonda felicità tra gli svizzeri potrebbe essere il tema di un progetto di ricerca per un'università o una fondazione svizzera. Anni fa avevo sollevato questa questione al Max-Planck-Institut di Monaco.

Oggi valori come la moralità, l'etica e la sostenibilità sono entrati nella consapevolezza di un numero sempre maggiore di persone e aziende, diventando le regole del gioco della nuova era – a livello mondiale. Forse potrebbe essere utile trasformare "etica e moralità" in "etica e spiritualità" e intraprendere un percorso completamente nuovo (invece di usare il potere per guadagni personali), superando il proprio "io" e assumendo il ruolo di custodi del pianeta. Perché il vero potere riguarda la creazione condivisa, non il dominio, l'ego e il profitto.

Se anche in Svizzera si scegliesse questa strada, e se il denaro fosse gestito diversamente – a favore delle persone (vedi anche il capitolo 7) –, allora una felicità e una gioia autentica potrebbero presto diffondersi tra gli svizzeri.

"I nuovi sentieri si creano camminandoci sopra."
Friedrich Nietzsche

Provo una profonda empatia, in particolare per le giovani generazioni – studenti, scolari, ecc. – non solo in Svizzera, ma in molti paesi del mondo. Come ho sentito nei miei colloqui con i rappresentanti dei vari paesi durante il ritiro in India, sono sotto stress e non realmente felici. Una professoressa inglese che insegna in un'università in Africa e che recentemente è stata invitata a tenere una conferenza presso l'ETH di Zurigo, mi ha suggerito di portare la felicità e l'umorismo all'ETH. Ha osservato che le lezioni sono molto serie – come accade in molte università del mondo.

"La felicità è il sentimento interiore di gioia,
in armonia con il proprio destino."

Nella mia vita ho incontrato diverse persone che emanano felicità, come Bojana. In una piscina all'aperto a Zurigo, vedo una figura angelica che si gode i raggi del sole sul viso. I suoi occhi sono chiusi e sorride continuamente. La osservo e mi chiedo cosa stia pensando dentro di sé. In ogni caso, sento un'armonia totale tra il suo mondo interiore ed esteriore. Mi avvicino e le parlo, entrando in contatto con lei. Più tardi, torniamo a casa insieme, condividendo le nostre esperienze di vita lungo il cammino. Che dono meraviglioso mi è stato fatto quel pomeriggio.

Oppure la cassiera di una catena di supermercati. Sorride sempre. Che gioia entrare in quel supermercato e vedere il suo sorriso! Per ogni cliente ha parole gentili. Accoglie tutti alla sua cassa con calore e affetto. Le ho chiesto come sia arrivata a essere così. Mi ha detto che è sempre stata felice, allegra e soddisfatta fin dall'infanzia. Ma non dovrei pensare che non abbia subito colpi del destino. "Molti," mi ha detto.
Ad esempio, da bambina aveva mentito diverse volte. Suo padre, come punizione severa, le fece inginocchiare per ore su chicchi di riso finché non disse la verità. I chicchi le facevano un male incredibile. Da allora ha giurato di non mentire mai più. Com'è straordinario vedere persone così gioiose nonostante le difficoltà!

Un'amica mi ha raccontato del suo primo marito. Lui voleva che restasse a casa, accanto ai fornelli. Non avevano figli, quindi lei non poteva lavorare né costruirsi una carriera. Lui guadagnava abbastanza.

Dopo otto anni di matrimonio, lui l'ha lasciata seguendo il consiglio del suo maestro religioso. Lei si ritrovò con niente. Aveva 30 anni, senza soldi, senza una casa e senza autostima, perché suo marito l'aveva sempre sminuita. Eppure qualcosa le indicò la strada per aprire un negozio di abiti da sposa. Lo fece e, col tempo, acquisì sempre più fiducia e sicurezza, fino a ottenere buoni posti di lavoro come dipendente e un buon reddito.

Oggi lei vorrebbe ringraziare il suo primo marito per averla lasciata – per averla costretta a trovare il coraggio di aprire quel negozio, che le ha dato fiducia in se stessa e la possibilità di guadagnare da sola. È molto grata per quell'esperienza con lui. Senza di lui, non sarebbe nella situazione in cui si trova oggi. Senza di lui, non avrebbe conosciuto né vissuto le cose belle della vita.

La conclusione: inizialmente si è arrabbiati, tristi, ecc., ma a lungo termine si rivela un vantaggio. "Il bene si presenta sotto sembianze negative," dice oggi.

Anch'io sono grato a mia moglie per avermi lasciato 14 anni fa, permettendomi di essere libero e di seguire "il mio" cammino, diverso dal suo percorso di vita e di anima. Credo da molti anni che i figli, o meglio le anime, che nascono da coppie che poi si separano, debbano essere stati generati da quel padre e da quella madre. Devono imparare qualcosa – da entrambi.

Allo stesso tempo, credo che questi figli debbano essere accolti nel cuore di entrambi i genitori e che l'amore verso di loro debba essere sempre espresso, ad esempio abbracciandoli affettuosamente o con parole amorevoli.

Oggi molte relazioni falliscono perché manca una dimensione interiore sviluppata. Quando non c'è uno scambio autentico su stati d'animo, sentimenti, desideri, intuizioni, percezioni, dubbi, paure, ispirazioni o sogni, la relazione si impoverisce. L'attività frenetica non può riempire il vuoto interiore. La realtà esterna viene consumata fino all'eccesso. Ma il mondo interiore, l'esperienza interiore, dove sono finiti? Tuttavia, un nuovo trend si sta affermando: gli Inner Development Goals. Di questo parlerò più avanti.

Un'altra storia riguarda due giovani donne che soffrono di effetti collaterali del vaccino contro il Covid in diverse forme: reumatismi (a 35 anni), problemi alle arterie e danni agli organi. Una delle due aveva anche avuto il cancro in passato. Per molti, tutto ciò non è niente di speciale.
Ma ciò che è speciale e ammirevole è che entrambe ridono! Entrambe sono felici e soddisfatte. Si sono trasferite dai loro paesi d'origine in un luogo meraviglioso sul Lago di Costanza e sono più che contente della loro vita – nonostante le malattie e la consapevolezza di non avere davanti una vita lunga.

Nel capitolo 8, parlo di un'altra persona che ha trasformato la sua sfida in amore e luce, raggiungendo così la felicità.

5. Capitolo: Come raggiungiamo la Felicità?

Viktor Frankl e Friedrich Nietzsche si sono interrogati sul significato della VITA. Questa domanda è particolarmente importante quando arriva la crisi (crisi esistenziale). E oggi viviamo in tempi di crisi. Pertanto, è utile affrontare l'altro lato – il lato gioioso della vita, ad esempio: "Come raggiungere la felicità?" e "Come arrivare alla leggerezza dell'essere?", che ci porta gioia, soddisfazione e senso di appagamento. Perché preoccupazioni e paure ci circondano ogni giorno.

La felicità è un sentimento. E i pensieri guidano i nostri sentimenti. Pertanto, dobbiamo prestare attenzione e osservare i nostri pensieri. Quelli negativi arrivano, ma dobbiamo lasciarli andare. Ci concentriamo su quelli positivi, anche se i negativi sembrano prevalere.
Ci concentriamo sui pensieri positivi, ad esempio rinunciando a notizie, media, stress, dipendenze, ego, e invece trovando gioia nelle piccole cose: il sole, la natura, il sorriso delle persone, l'amore dei nostri figli.

Ci possiamo chiedere: Di cosa sono felice? La mia risposta come esempio:
- Ogni mattina mi alzo con gioia.
- Non sono mai abbattuto né privo di motivazione.
- Mi rallegro ogni giorno per il sole
- (anche quando non è visibile).
- Sono in salute e disciplinato.

- Ho due figli felici.
- Apprezzo i miei doni, talenti ed esperienze.
- Uno dei miei doni è la capacità di entrare in contatto con le persone in modo giocoso.
- Non mi trovo più sotto stress per cercare clienti o raggiungere obiettivi imposti dai datori di lavoro.
- Mi sono distaccato dai beni materiali e non ho più desiderio di avere di più. Una bellissima casa, una Mercedes e molto altro li ho già avuti.
- Non mi preoccupo di cosa porterà il domani, se dovrò trasferirmi o altro... So che ciò che è giusto arriverà per me. Sono rilassato e non stressato.
- Mi rallegro nel portare un raggio di sole nella vita di altre persone ogni giorno.

Questa felicità mi riempie di grande gratitudine.

Quindi: come posso essere felice, libero da paure e preoccupazioni?

- Gioia, divertimento, leggerezza invece di insoddisfazione, preoccupazioni, stress. *Ostacoli: ego, ambizione, schemi familiari, paure.*
- Apprezzamento. Gratitudine. Perdono (verso noi stessi, la famiglia, gli aggressori).
- Creazione significativa. Nessun perfezionismo.
- Alimentazione, movimento, sport.
- Un nuovo atteggiamento nei confronti del denaro. Lasciare andare i pesi materiali.

Molte persone desidererebbero portare questa leggerezza dentro di sé e irradiarla, ma qualcosa le trattiene. Questi ostacoli risalgono alla loro infanzia, come abbiamo visto nel capitolo precedente. Sono accadute troppe cose che impediscono loro di liberarsi dal loro attuale schema mentale (prigione mentale). Non si sentono liberi di lasciare fluire le proprie emozioni. I loro sentimenti sono bloccati. Perché la società prescrive regole e obiettivi per l'essere umano. I genitori li hanno indicati al bambino già in tenera età. Anche molte convinzioni e schemi comportamentali derivano dalla nostra infanzia.

Ma qual è la cosa più bella per un bambino, che lo fa sbocciare emotivamente? Giocare – semplicemente giocare, dare libero sfogo alla propria creatività e ai propri sentimenti, senza che i genitori o superiori limitino il bambino nel suo gioco – né nel tempo né nello spazio. E attraverso il gioco il bambino trova ed esprime entusiasmo. Così crescono fiducia, gioia, amore e gratitudine.

Possiamo tornare ad essere bambini, lasciare fluire liberamente i nostri pensieri e sentimenti, diventare custodi dell'oro e della terra, giocare a fare il clown e fare ciò che ci diverte. Possiamo ispirare gli altri a seguirci come clown, a essere gioiosi e a rendere felici le persone. Così diffondiamo la nostra felicità in un mondo che è così serio. Perché non si tratta più di ciò che facciamo nella vita reale. Si tratta di essere felici e gioiosi.

Siamo invitati a connetterci con il nostro bambino interiore, che simboleggia purezza e meraviglia. Questo passo ci incoraggia a riscoprire la nostra innocenza infantile – uno stato precedente all'offuscamento della nostra percezione a causa della complessità della vita.

Oggi si tratta di vedere il mondo con occhi nuovi, come un bambino che si meraviglia dei misteri della vita, libero da pregiudizi e preconcetti.

Ma come possiamo tornare a questo stato di innocenza quando la nostra mente è piena di conoscenze, esperienze e realtà? La chiave sta nell'imparare a calmare la mente e a liberarsi degli strati di fatti accumulati, compiti e aspettative sociali. In questo modo ci apriamo a una vita più gentile, serena e soddisfacente.

Permettiamo oggi all'innocenza del bambino dentro di noi di guidare le nostre percezioni. Facendo ciò, tracciamo il cammino per un viaggio ricco di sorprese, gioia e il potenziale illimitato di vedere il mondo con occhi nuovi.

Eppure, presto ci troviamo di nuovo di fronte alla quotidianità. Essa ci ricorda i lati negativi della vita, inclusi traumi, complessità e altro ancora. Questi sono immagazzinati nel nostro subconscio. Per percorrere con leggerezza il viaggio dal bambino all'adulto e poi di nuovo al bambino, è necessario affrontare e risolvere gli aspetti negativi che ci bloccano nella ricerca della felicità. Per farlo, dobbiamo esplorare il nostro subconscio.

Il nostro subconscio viene particolarmente programmato con emozioni e ricordi tra il concepimento e i sette anni di età. Fin dalla nascita, dividiamo il mondo in esperienze buone e cattive. Il subconscio conserva questa divisione e la presenta più tardi alla coscienza come realtà.

Come sappiamo, il subconscio è 1.000 volte più potente della coscienza. Se il subconscio è così potente, chi o cosa lo controlla?

La fonte di tutto ciò che ci tormenta risiede nei nostri sentimenti repressi, ferite, paure ed esperienze non elaborate, che rimangono intrappolate nel nostro sistema nervoso. Dietro ogni stress, sintomo o modello di malattia – che sia psicologico o fisico – ci sono emozioni e ricordi sepolti nel nostro subconscio. Quando vengono richiamati, il nostro corpo reagisce con stress negativo.

Possiamo attivare una reazione di stress solo attraverso i pensieri. Basta pensare a qualcosa di profondamente radicato in noi, e il ricordo di situazioni passate si risveglia, diventando acuto e reale in quel momento. La nostra mente lavora attraverso immagini. Questo fa emergere un pensiero che innesca un'emozione. Di conseguenza, la nostra frequenza cardiaca aumenta. Diventiamo più ansiosi.

Il nucleo di ogni stress e malattia sono emozioni e ricordi, cioè percezioni traumatiche sepolte nel nostro subconscio.

Dobbiamo comprendere che le nostre emozioni, così come il corpo umano, sono energia.

I nostri pensieri generano i nostri sentimenti. E i nostri sentimenti guidano il nostro comportamento. Quando uno dei nostri sentimenti è molto intenso, ciò che sentiamo in realtà è energia vibrazionale. Ogni emozione vibra a una frequenza specifica. La rabbia è un'energia emotiva diversa dalla frustrazione o dalla tristezza.

Tutte queste emozioni hanno diverse energie vibrazionali. Quando un'emozione è intensa, l'intero nostro essere può essere attraversato da questa vibrazione. E talvolta la vibrazione è così forte che l'energia rimane intrappolata nel corpo. Un'emozione intrappolata nel corpo diventa una sfera di energia. Può localizzarsi ovunque nel corpo e interferire con il normale flusso energetico.

Nell'antichità si sapeva che le emozioni negative venivano immagazzinate in tutto il corpo. Esse influenzano le funzioni emotive e anatomiche del corpo. Le emozioni si condensano. E più si intensificano, più tendiamo a reprimerle. Ci è stato insegnato a resistere alle emozioni spiacevoli piuttosto che accettarle e sentirle.

Cerchiamo risposte nel mondo esterno. Ma il problema è che lì non troviamo nulla. Perché le risposte sono dentro di noi. Anche le emozioni provengono da lì. Solo quando rivolgiamo lo sguardo verso l'interno possiamo sperimentare l'unità – la connessione con tutte le cose, incluso l'universo.

Conosciamo il potere della mente. È scientificamente dimostrato che può guarire sé stessa – ancora e ancora. L'universo ci sostiene, se anche noi ci impegniamo e ci crediamo. Insieme all'universo possiamo creare qualcosa. L'universo ha sempre una soluzione per noi.

Non chiedere ciò che desideri, ma ringrazia semplicemente. Se chiedi, significa che non hai. Se ringrazi, riconosci che è già presente.

Quando sciogliamo le catene delle dipendenze emotive, avviene una vera trasformazione. L'effetto collaterale di questa trasformazione è la GIOIA. Questo stato elevato dell'anima si manifesta quando l'energia viene liberata dal corpo. Il corpo si libera del passato e vive nel presente. Solo allora percepiamo un altro tipo di emozioni: gioia, benevolenza e gratitudine.

Quando ci permettiamo di sentire e di essere completamente presenti, tutto diventa possibile. Il mondo intorno a noi diventa molto flessibile, malleabile e meraviglioso.

Ecco alcuni messaggi:

Tutto è ENERGIA. Tutto è coscienza.

I sentimenti sono l'energia che ti spinge. Questa forza vitale interiore ti consente di essere chi sei veramente. Trasforma ciò che non desideri in ciò che vuoi.

Possiamo "osservare" i drammi e i traumi della vita, ma senza rimanerne intrappolati. Solo osservare.

Possiamo lasciar andare le nostre convinzioni e immergerci nella nostra vera forza – centrata nel cuore.

Possiamo superare la paura. Possiamo raggiungere uno stato di assenza di paura, in cui le nostre azioni sono guidate dall'amore. L'amore – profondo e incondizionato – è la forza più potente contro la paura.

L'amore è il mio scudo che trasforma la paura in forza.

Il guerriero luminoso non cerca divisioni, ma una guarigione profonda e riconosce che la radice del conflitto si trova spesso nelle nostre stesse ombre.

Al centro del cammino del guerriero luminoso c'è la trasformazione della paura in amore. La paura, vista come assenza di amore, viene trasformata attraverso il perdono e la gratitudine.

Perdonare chi ci ha ferito e provare gratitudine per le lezioni che ci ha insegnato è il primo passo verso l'empowerment e la guarigione. Questo processo ci permette di comprendere che le sfide della vita non accadono contro di noi, ma per noi, offrendoci opportunità di crescita e di approfondimento della nostra umanità.

Quando intraprendiamo questo cammino, lasciamo andare il bisogno di avere ragione, imponendo torti agli altri, e invece coltiviamo una presenza colma di amore e compassione. Attraverso il perdono e la gratitudine, trasformiamo le nostre emozioni tossiche in forza personale e assumiamo il ruolo del guerriero luminoso, che crea bellezza nel mondo e riconosce che tutto nella vita (anche le esperienze più difficili) contribuisce, in ultima analisi, alla nostra crescita.

Supero le mie paure con il coraggio e la luce del guerriero luminoso. L'amore è la mia arma più potente. Trasforma la paura in opportunità di crescita.

Uno dei traumi collettivi è l'approccio eccessivamente maschile, che spesso emargina il femminile. Questo deve essere riconosciuto e guarito.

Dobbiamo confrontarci con la storica oppressione del femminile. In particolare, le tradizioni occidentali hanno cercato di addomesticare il femminile, sopprimendone la libertà e la sua natura selvaggia. Questa oppressione si manifesta sia nelle strutture sociali che nelle interazioni personali, spesso in modi che limitano e reprimono lo spirito femminile.
Il concetto di isteria riflette paure profonde e idee sbagliate sul potere femminile. Ciò ha portato a pratiche che tentano di rimuovere gli aspetti selvaggi e indomiti della femminilità, creando così una femminilità controllata.

Il riemergere della Donna Selvaggia è cruciale non solo per i ruoli sociali, ma anche per ogni individuo. Si tratta di liberare il femminile interiore e permettergli di esprimersi pienamente, senza essere vincolato da costrizioni convenzionali. Questo sfida la paura del cambiamento e dell'incertezza, accogliendo l'innovazione e l'ignoto.

Lascio andare il passato e mi apro al rinnovamento.

Lascio andare ciò che non mi serve più e creo spazio per nuovi inizi.

Oggi possiamo mettere in discussione i sistemi di credenze che usiamo per orientarci nella vita, per riconoscere quali ci servono e quali dobbiamo abbandonare. Questa auto-osservazione ci permette di liberarci dalle energie negative e favorisce la crescita, l'emergere di nuovi inizi e nuovi potenziali. Questa energia sale attraverso i chakra del nostro corpo, simboleggiando trasformazione e illuminazione.

Lascio andare ciò che mi lega e trovo forza e liberazione nel mio percorso verso l'alto.

Riconosco e trasformo le mie ombre interiori in luce e amore.

Le nostre ferite più profonde richiedono la nostra urgente attenzione. Si tratta di una guarigione interiore profonda, che porta alla felicità.

Dobbiamo riconoscere e guarire legami tossici e traumatici e smettere di infliggerci dolore.

Ogni momento è un'opportunità per riscrivere la mia storia.

Sono centrato e in pace – indipendentemente dalle tempeste intorno a me.

Osservo gli eventi della mia vita con distacco e attraverso ciò ottengo chiarezza e saggezza.

Se fai qualcosa che fa stare meglio un'altra persona, anche tu ti sentirai meglio.

Sono completo, e ogni parte di me è benvenuta e amata.

Accolgo tutto il mio essere con compassione e comprensione.

Sono un canale per la guarigione – per me stesso, per gli altri e per la Terra.

La saggezza del passato illumina il mio cammino verso il futuro.

Guida e intuizione fluiscono facilmente verso di me quando mi connetto con il mio cuore.

Confido nel mio percorso di vita e considero ogni incrocio un'opportunità di crescita.

Sono circondato dall'amore e lo irradio verso l'esterno. L'amore per me stesso è la base della mia forza e la fonte della mia connessione con gli altri.

Affronto il mondo con gioia e leggerezza.

Ogni mia azione contribuisce alla guarigione e al benessere del pianeta.

Come custode della Terra, sono connesso alla rete della vita, nutro la Terra e vengo nutrito da essa.

Praticando la calma, impariamo a influenzare la nostra realtà nel suo stadio più malleabile, prima che essa si solidifichi in una forma. Questo approccio riflette gli insegnamenti di molte culture dei nativi americani, che ci ricordano che le nostre azioni e pensieri hanno effetti che si estendono per sette generazioni.

Oggi siamo chiamati a sognare con occhi aperti, a immaginare e a realizzare i cambiamenti che desideriamo vedere, partendo da un luogo di profonda calma interiore. È un invito a considerare attentamente l'impatto dei nostri pensieri e azioni, scegliendo quelli che promuovono un mondo che desideriamo per noi stessi e per le generazioni future.

Dobbiamo sognare un nuovo mondo – un futuro di armonia, responsabilità e pace.

"Non rinunciare mai a un sogno solo perché ci vuole tempo per realizzarlo. Il tempo passerà comunque."
Earl Nightingale

La fonte della salute e della guarigione risiede dentro di noi. Scopriamo questa fonte e la felicità attraverso la consapevolezza di noi stessi e concentrandoci sulla nostra ricchezza interiore, piuttosto che su quella esteriore. Questo nuovo spirito, insieme a uno stile di vita sano, ci conduce alla felicità.

Quando integriamo la luce (= frequenza più alta), l'amore e la leggerezza nella nostra vita, creiamo gioia, soddisfazione interiore e salute.

Vogliamo portare le persone alla calma, alla serenità, alla leggerezza e alla gioia. Come possiamo arrivare alla serenità e alla gioia? Attraverso il distacco dall'ego, dai beni materiali e dalla ricerca di riconoscimento e successo esterni; attraverso la gratitudine per ciò che abbiamo vissuto, il perdono, la meditazione, uno stile di vita sano, ecc. Essere soddisfatti con poco, ed essere quindi felici. E poi arriva la fiducia e la gioia.

1. **Non identificarmi: Chi sono io? Da dove vengo?**
   Molte persone sono ancora nel loro ego e non hanno capito ciò che riguarda il livello dell'anima, cioè capire che non si tratta di successo, riconoscimento e denaro, ma di:
   - imparare una comprensione più alta e una consapevolezza,

- che il successo e il riconoscimento non hanno nulla a che fare con l'esterno (con il materiale), ma che dobbiamo cercarli E TROVARLI DENTRO DI NOI.

La nostra vera felicità viene dall'interno e non dal nostro patrimonio esteriore.

2. **Viviamo in un mondo in cui dobbiamo lasciare andare il vecchio, pensare e sentire in modo diverso, cioè trasformare.**

Perché il NUOVO è pronto per essere affrontato.

Il vecchio riguarda la nostra concezione della vita: apprendimento, educazione, lavoro, guadagnare denaro, matrimonio, figli, malattie, perdita del lavoro, preoccupazioni per il declino finanziario, tristezza, solitudine, eventuali depressioni, perdita di status sociale, vecchiaia e morte.

3. **Invece di ciò, lascio che energia positiva fluisca in me ogni giorno.**

4. **Inoltre, lascio che le barriere dentro di me (create da me, dalla mia famiglia e dalla società) si dissolvano. E cambio le mie convinzioni.**

5. **Il capitale delle persone non è il denaro.**

Il capitale sono potenzialità, talenti, coraggio, creatività, gioia, salute, ecc. E il capitale include anche moralità, onestà, trasparenza e fiducia.

Con questo capitale si può sempre costruire qualcosa di nuovo.

6. **Quando però si verificano destini, dobbiamo affrontarli.**
   Ma non dovremmo vederci come vittime. La nostra anima vuole vivere questo destino. Dobbiamo crescere attraverso di esso: accettarlo con calma e comprensione, con leggerezza (e non con pesantezza).

7. **Dove si trovano gli ostacoli per essere felici?**
   - Ferite e traumi dell'infanzia
   - Condizionamenti dei genitori e della società
   - Pressione psicologica da sé stessi o dall'esterno
   - Mancanza di una cultura dell'errore
   - Stress per guadagnare denaro, ma anche vedere il denaro come un fardello
   - Dubbio su sé stessi e le proprie capacità
   - Mancanza di modelli, come genitori, politici, leader economici
   - Paura del fallimento.

Come arriviamo alla soddisfazione e leggerezza?
   - Nuova visione della vita, del lavoro, del denaro, del consumo, ecc.
   - Uscire dal sistema mentale (non sentirsi più intrappolati).

- Non avere paura di fallire – rispetto alla società, ai genitori, agli amici, ai partner.
- Non prendersi troppo sul serio.
- Meno perfezionismo (stress), ego, ricerca del "di più".
- Meno attenzione ai valori materiali.
- Meno conformità, invidia, gelosia, ...
- Non cercare riconoscimento attraverso il denaro (da parte dei genitori, partner, amici).
- Guarire i temi familiari. La causa di molte cose è nella nostra infanzia o nella casa dei genitori: relazioni, denaro, temi emotivi, ferite dell'anima, depressione,
- Più forza del cuore, intuizione, sentire.
- Fare pace con aggressori, nemici, ...
- Aprire il cuore e l'anima (= spirito).

Così arriva leggerezza, intuizione, ispirazione, creatività, ...

8. **Come guadagno denaro?**
   Noi umani vediamo il denaro come "pesante". E si sente freddo. Non sembra caldo. Ma quando ridiamo e siamo felici, anche il denaro si rallegra. Allora arriva con leggerezza e gioia. Perché attribuiamo valore al denaro.

Quando siamo soddisfatti interiormente, non abbiamo bisogno di accumulare così tanti beni esteriormente. E poi possiamo usare il denaro per altre cose, ad esempio per aiutare gli altri a trovare la gioia o l'indipendenza, ecc.

Dobbiamo trovare la gioia di vivere, leggerezza e spensieratezza dentro di noi e non all'esterno.

Fai pace con le persone. Perdona gli aggressori/nemici. Riconciliati.
Sii grato per la tua vita, la tua famiglia, i tuoi figli.
Dì ai tuoi cari quanto sei grato per tutto.
Quando sorridi alle persone, ti sorridono indietro.
Irradia gioia.
Mostra disponibilità ad aiutare. Lavora sulle tue guerre interiori. Prenditi del tempo per te stesso e per gli altri.
Circondati di persone felici, invece che di pessimisti o critici.

"Ricorda che la felicità non è una meta, ma un viaggio,
e che va bene avere alti e bassi lungo il cammino.
Sii paziente con te stesso e continua a sforzarti
di creare una vita che ti porti gioia e realizzazione."

6. Capitolo: Il mio Cammino verso la Felicità

La felicità ha una percezione diversa per ciascuno di noi. Essa penetra profondamente nella psiche umana. Ha a che fare con l'infanzia. La mia famiglia era felice – i miei genitori, i nonni, i miei fratelli e io? Oppure nella mia infanzia dominavano la competizione, la lotta per la sopravvivenza, problemi economici o altri temi quotidiani? Perché ero felice allora, o perché non lo ero?

A proposito di me: Non ero un bambino felice, né un adolescente felice. Primogenito di genitori che, nella Germania del dopoguerra, aspiravano al benessere e dedicavano tutto il loro tempo al lavoro e al guadagno, trascurando i figli, sono cresciuto negli anni '50 e '60. Ero completamente introverso, triste, incapace di seguire a scuola e, perciò, spesso marinavo le lezioni. In tutto, ho frequentato cinque scuole e ho concluso il mio percorso scolastico senza diploma. Solo la mia formazione come impiegato di banca e il mio distacco dalla famiglia – lavorando per una banca all'estero – mi hanno gradualmente messo sulla strada giusta.

La mia carriera come banchiere andava a gonfie vele. Ero felice. Ridevo. Avevo successo. Mi sentivo il padrone dell'universo. Allo stesso tempo, però, ero un po' arrogante, non connesso al mio cuore e distante dalla mia anima, che cercava altro. E così arrivarono gli ostacoli – le sfide. Venni scosso. Ero intrappolato nel mio ego, immerso nel materialismo – come tante persone.

Il mio obiettivo era guadagnare tanto denaro. Questo era, ed è ancora per molti, un obiettivo prefissato. Ma non doveva essere il mio, come avrei imparato più tardi. Dovetti affrontare un fallimento. Dovetti lasciare la mia amata città, Miami. Prima di partire, fui costretto a vendere la nostra splendida casa. A Hamburg, dovetti ridimensionarmi: niente più lusso, niente più persone o "amici" ricchi intorno a me. Niente più cocktail negli ambienti più esclusivi – solo una vita semplice, come quella di tante altre persone che un tempo guardavo dall'alto in basso.

Per i sette anni successivi attraversai momenti difficili. Ad Amburgo trovai facilmente lavoro presso UBS, ma venni licenziato "con leggerezza" dopo tre mesi, quando si resero conto che avevo appena compiuto 50 anni e che, secondo le leggi tedesche, non sarebbe stato facile licenziare un cinquantenne al di fuori del periodo di prova. Così lo fecero subito.

Dopo questo colpo personale, gestii il mio piccolo patrimonio e lo trasformai in uno grande – davvero grande. Ma il dio della fortuna aveva altri piani per me. Per tre anni di seguito vissi la stessa esperienza: il mio investimento iniziale triplicava, lo mantenevo a quel livello per un lungo periodo, poi crollava. Presi un'altra somma e la investii. Anche questa si triplicò. La mantenni a lungo, fino al crollo. Poi investii una terza volta – i miei ultimi soldi. Anche questa volta triplicò. Ma questa volta mantenni il mio investimento in oro e argento solo per poco tempo, finché non si dissolse in nulla a causa dei margini richiesti.

Fu un'esperienza incredibile, quella che vissi in quei tre anni. Durante quel periodo, mio fratello, un noto medico, si tolse la vita. Io non avevo intenzione di seguirlo. Fu grazie a lui che scoprii la medicina alternativa e, successivamente, la spiritualità. Per molti anni mi dedicai a questo tema e crebbi interiormente.

Nel 2015 fui presentato a un medium trans. Mi disse che avrei reso felici le persone. "Sei un portatore di felicità", disse. Rimasi sorpreso. Da bambino e adolescente ero stato totalmente introverso, triste, taciturno. All'estero, con il tempo, ero diventato felice, ma anche arrogante e materialista. Poi ricevetti una lezione sotto forma di fallimento e successiva perdita di patrimonio. In seguito, passai anni a cercare "il mio" percorso, ciò che la mia anima desiderava.

E ora, il medium mi rivelava che ero una persona felice e che avrei portato felicità agli altri, perché loro non lo erano. "Non credere che sia normale per ogni persona essere felice e gioiosa. No, non è scontato. È un dono. E tu hai ricevuto questo dono. Quindi, per te è normale. Ed è proprio perché le persone non possiedono questo dono, che sentono il desiderio di starti vicino. Si sentono bene accanto a te e ridono con te."

Questa esperienza l'avevo già vissuta molte volte. Il medium continuò: "Stai attraversando una grande trasformazione, simile a quella che porta dal bruco alla farfalla, un processo enorme. Anche tu attraverserai questo immenso processo – dall'aggressività, dalla rabbia, dal rancore, dalla frustrazione, che hai portato con te per tutta la vita – alla gioia, alla felicità, alla trasformazione, per diventare un diamante.

A poco a poco ti libererai delle influenze che hanno generato rabbia, irritazioni, dubbi su te stesso, resistenze, offese, preoccupazioni e tristezza. Si tratta di rompere tutti i legami con le esperienze passate per diventare libero. Non ci saranno più attaccamenti che ti porteranno a frustrazione, impazienza e accumulo di beni. Sarai libero da questi attaccamenti e da queste energie.

Sarai in grado di liberarti completamente da queste influenze emotive. Questo, a sua volta, ti conferirà uno stato di coscienza più elevato e una visione più ampia, attraverso cui potrai vedere il mondo e il tuo posto in esso. Perché forse la parte più grande di questa trasformazione riguarda proprio il modo in cui ti vedi nel mondo.

Si tratta di una dimensione completamente nuova. È praticamente come un viaggio dell'anima: ti muovi (trasformi) da forme emotive verso una libertà e vai profondamente dentro di te. Attraverso questa trasformazione ti sentirai molto meglio in ciò che fai e in come lo fai. Abbandonerai il tuo atteggiamento serio, ambizioso e perfetto. Diventerai allegro, divertente, fanciullesco.

E porterai alle persone i frutti della vita – la gioia incondizionata di vivere. Perché qual è l'essenza della vita? L'essenza è gioire – gioire della vita – del privilegio di essere vivi e di essere qui sulla Terra. Il nostro diritto di nascita è vivere una vita profonda, significativa e piena di scopo nella gioia.

Con la tua GIOIA e il tuo sorriso, porterai le persone alla riflessione e alla felicità, aiutandole a cambiare prospettiva sulle loro convinzioni e visioni della vita. Si tratta di celebrare la vita e di accettarla con GIOIA e abbracciarla.

La vita è immensa. E più abbracciamo la vera vita, più diventiamo felici. Più ci immergiamo nella vita, più divertente diventa. E più interessante. Diventiamo più umili e modesti. Perché è molto più profonda di quanto molte persone immaginino.
Dobbiamo solo essere noi stessi, non ciò che dovremmo essere, ciò che vogliamo essere o ciò che vorremmo essere – semplicemente noi stessi. "Sono divertente; sono sciocco; amo scherzare; amo divertirmi; amo giocare; amo fare l'amore."

Tutto ciò che le altre persone mi hanno detto di fare, o ciò che il mio ego mi ha spinto a fare per raggiungere qualcosa, non mi interessa più. Voglio solo essere felice. Non giudico più. È così com'è. Lascia che sia. It is like it is. Let it be. Mi onora condividere con voi ciò che mi porta gioia."
E così, loro trovano gioia. Diffondi semplicemente gioia e risate! E loro le condividono con altri.

La vita è risate. È divertimento. Fai battute. Non c'è niente di serio. Allo stesso tempo, però, è molto più serio di quanto chiunque possa immaginare. È gioia. E le persone desiderano questa gioia in un mondo dove c'è così tanta sofferenza, miseria e dolore, che per molti è diventato insopportabile. Tu porti ciò che il dottore ha prescritto: **leggerezza, allegria e felicità.**

Arricchisci le persone. Tutti ridono. Quando tornano a casa, si sentono liberi e pieni di speranza. Si sentono salvati – dalla tristezza, dalla depressione e dalle preoccupazioni. Perché trasmetti loro saggezza in un modo che tocca il bambino interiore.

E così elimini anche il giudizio e la separazione dalla loro coscienza. Perché tutti abbiamo il paradigma della separazione: "Questa parte di me è buona, l'altra non lo è." Questo è un giudizio. E questo è separazione.
Tu mostri alle persone entrambe le parti: la capacità di ridere. E poi, attraverso la tua gioia e le tue risate, elimini ogni idea di giudizio.

Le persone percepiranno la tua gioia come un input meraviglioso, magico, nutriente, sostenibile e di supporto, il più grande che abbiano mai ricevuto. Dai loro l'essenza e la sensazione di essere rinati come il loro bambino di Dio.

E tieni "discorsi" in modo leggero, giocoso, quasi comico, catturando l'attenzione delle persone. Quando se ne vanno, sorridono. E ridono. Tornano a casa e iniziano a riflettere sui tuoi interventi giocosi. Perché questi non sono solo divertenti e spiritosi, ma contengono profonde saggezze – presentate in una forma leggera e fanciullesca.

Wow – ero davvero impressionato. Che messaggio bello, illuminante e motivante. "L'unica cosa che non cambierà: sei un guaritore. Ma il modo in cui guarisci cambierà. È una guarigione attraverso il riso, la gioia e l'offrire felicità e luce solare."

E questo dovevo o dovevo imparare – lasciare libere le mie emozioni: entusiasmo, gioia, fiducia, amore, gratitudine. E lasciare andare tutta la mia rabbia, rancore e frustrazione. La mia anima, apparentemente, voleva che in questa vita eliminassi queste emozioni negative, liberandomene.

Ma non poteva succedere dall'oggi al domani. Mi ci sono voluti alcuni anni. Tra il 2016 e il 2021, ho vissuto in emozioni positive, ma sono stato ripetutamente innescato dalla mia famiglia, che mi riportava alla rabbia, alla frustrazione e al rancore.
Solo quando ho messo un punto definitivo e mi sono fisicamente separato dalla mia famiglia trasferendomi in Svizzera, mi sono sentito libero. E lì ho potuto praticare e vivere la mia libertà – la mia leggerezza, la mia gioia.

Non è sorprendente che nel 2015 abbia ricevuto un messaggio da qualcuno e che, otto anni dopo, mi trovi fisicamente proprio nel paese che quella persona aveva previsto? Perché, tra tutti i messaggi, mi disse: andrai in Svizzera e troverai persone, soprattutto nella Svizzera meridionale e nel nord Italia, che apprezzeranno molto i tuoi doni e ti supporteranno nella tua missione.

E in secondo luogo: non è sorprendente che prima abbia dovuto attraversare un processo difficile, dal bruco alla farfalla, nel periodo compreso tra il 2016 e il 2021, vivendo di nuovo tutta la mia rabbia e il mio rancore, specialmente nei confronti della mia famiglia, per poi lasciare andare queste emozioni negative?

Le ultime emozioni negative si sono manifestate durante la mia visita ad Amburgo nel giugno 2024. Ho documentato il mio rancore, la rabbia e la frustrazione in forma di note e le ho condivise con la mia famiglia. Di cosa si trattava? Non sono mai stato ascoltato. Non sono mai stato accettato, tra le altre cose, a causa del mio stile di vita, che non rientra nelle categorie di un adulto secondo la mia famiglia. Per loro, si dovrebbe lavorare, guadagnare denaro, avere un appartamento, un'auto e magari una famiglia, fare vacanze occasionalmente, e così via.

Questa era la vita che avevo avuto in passato. Ora, il mio stile di vita era diverso: meno fardelli, ma molta più gioia, risate, quasi un atteggiamento fanciullesco, giocoso, vedendo il mondo con occhi nuovi, insomma, diverso dalle categorie pensate dagli adulti. Ero un artista della vita, con una gioia di vivere incredibile dentro di me.

I miei pensieri e le mie opinioni non contavano per la mia famiglia. Contavano solo le loro opinioni, affermazioni e giudizi. E con essi il loro ego e la loro autosoddisfazione.
Tuttavia, da tempo non sono più deluso e ho perdonato loro. La loro anima voleva fare questa esperienza. E anche la mia.
La loro lezione di vita si manifesterà loro prima o poi, forse attraverso colpi del destino. Un cambiamento di mentalità spesso arriva alle persone solo dopo tali esperienze. E allora può accadere che la gioia, la leggerezza e le risate entrino nelle nostre vite. Inoltre, possiamo scoprire che una profonda felicità interiore emerge in noi quando siamo connessi a ciò che è più grande.

E in terzo luogo: non è sorprendente che oggi io stia scrivendo un libro sulla felicità, un tema – un'emozione – che porto dentro di me?

> *"Dove va e dove non avresti mai voluto andare*
> *– proprio lì avviene la trasformazione."*

Nel gennaio 2024 ho ricevuto un messaggio simile riguardo al mio accesso alla felicità. Non è sorprendente che due persone diverse, in due parti del mondo lontanissime e in momenti molto distanti tra loro, abbiano dato lo stesso messaggio? Il messaggio di gennaio 2024 diceva:

"Rendi felici le persone portando loro gioia. Fai notare loro che il **loro attaccamento all'ego e ai beni materiali non offre né gioia né beatitudine.**

Racconti di te stesso, di come un tempo avevi molti beni materiali e poi hai perso tutto. Quando avevi tanto, eri felice. Ma era la vera felicità? Perché quando non avevi più nulla, eri davvero felice – dall'interno (e non dall'esterno). Guiderai le persone in una meditazione affinché possano riflettere su questo, su se stesse e sulla loro vita.

Alcuni lo capiranno – non tutti, ma alcuni. Perché il livello di stress a cui sono sottoposti (preoccupazioni e paure, iperattività: controllare costantemente il telefono, occuparsi dei figli, gestire la casa, lavorare, curare l'aspetto esteriore, accettare inviti, pianificare vacanze, ecc.) è altissimo. A tutto questo si aggiungono le preoccupazioni per il lavoro, la famiglia, guadagnare e investire denaro, e così via. Questo livello di stress è un peso enorme per il corpo e può far deragliare i suoi processi."

"Si tratta quindi di disconnettersi: **disconnettersi dall'attaccamento all'ego e al nostro esteriore materiale.**
È un cambiamento di prospettiva. **Le persone legano la loro felicità al loro possesso materiale.**

Il medium mi diede una metafora: sono come l'ultimo sopravvissuto di un campo di concentramento. Come altri prigionieri, anche io ho sempre saputo e sentito che c'è una sorgente interiore da cui posso attingere amore, gioia di vivere e forza, che mi rendeva capace di sopravvivere.

Come i prigionieri, dopo la perdita della mia ricchezza materiale, non avevo più nulla, se non **l'accesso a una fonte** che mi dava speranza e fiducia ogni giorno e che continua a donarmi gioia. Questa gioia voglio condividerla con gli altri.

In realtà, non faccio nulla di concreto – nel senso delle api operaie, ovvero della società. Mi limito a far riflettere le persone sulla loro vita, raccontando della mia, che era esattamente come la loro – di successo, materialistica – e come è cambiata dopo. Conduco solo l'attenzione verso il fatto che le persone possano riconoscere se stesse – e scoprire la loro gioia. Non devo trasformarle. Si trasformano da sole. Qualcosa inizia a fluire. È abbondanza. È ricchezza. Faccio vedere ai ciechi.

Oggi possiamo scoprire ciò che ci porta gioia. La felicità ha a che fare con il distacco dal possesso materiale. 'Puoi chiederti: a quali cose (oggetti/beni) – insomma tutto ciò che rientra nell'ambito dell'"avere" – leghi il tuo senso di benessere e soddisfazione? Ti sentiresti meglio e più felice se avessi di più – più soldi, più riconoscimento, più beni? Rifletti. E respira profondamente. Sentiti dentro. Quanto è meravigliosa la luce interiore – l'essenza del tuo essere. Questa è la sorgente.'"

"Si tratta quindi di percepire oggi che c'è qualcosa di profondo dentro di me. C'è una vita in me che è felice di per sé. Si tratta di far vedere ai ciechi e di attivare la forza del loro cuore. Perché la gioia ha la sua dimora nel cuore. Non può essere sentita altrove. E il cuore è sempre molto vicino alla sorgente – **alla sorgente della vita.**

Quando faccio una battuta, questa passa per la mente. Ma il cuore ride insieme. In realtà, ciò che ride è il cuore. E questo ha un potere curativo – un'energia calmante. Il corpo trova la sua pace. E quando il corpo si calma, tutto si regola da sé. La cosa interessante: le cellule infiammate del corpo si trasformano in neutralità e non si sviluppano in malattia.

La gioia ha il più grande potere trasformativo, che guarisce tutto. Sentire la gioia guarisce tutto. Quando sei nella luce della gioia, aiuti automaticamente le persone a orientarsi verso la gioia. E dalla gioia si crea un mondo nuovo. Da essa nascono nuovi sistemi.
Attraverso ogni singola persona che segue la gioia, qualcosa cambia nell'intero sistema. Non serve fare leva per cambiare qualcosa o per metterlo in moto. No, si riorganizza da sé – da una consapevolezza diversa. È l'energia stessa che ordina tutto: non io, non tu, non lui, lei, o altri devono farlo. È l'energia che lo fa.

Nell'energia della gioia tutto converge – tutto ciò che è necessario per sbocciare, per essere pienamente presenti nella propria natura e per fare del bene al grande insieme. In questa energia tutto si culmina.

È come se esistesse una super-pillola per tutte le malattie."

"La vita si vive andando avanti
e si comprende guardando indietro."
Søren Kierkegaard

Come sono arrivato alla felicità interiore?

Attraverso un cambiamento di prospettiva riguardo alle mie convinzioni e visioni sulla vita. Siamo solo ospiti qui sulla Terra. Quindi, dobbiamo imparare la calma e non vedere le cose in modo troppo rigido. Dobbiamo mettere in discussione la nostra separazione – uomo e donna, bianco e nero, ebreo, cristiano o musulmano – così come il nostro giudizio.

Dobbiamo riflettere sulla nostra dipendenza dal consumo. Dobbiamo mettere in discussione il nostro atteggiamento materialistico. Dobbiamo riscoprire la semplicità – essere soddisfatti con poco. Dobbiamo trascendere e dissolvere il nostro piccolo o grande "io", ossia lasciare andare il nostro ego. Come sono arrivato alla felicità interiore?

Attraverso il distacco dall'ego, dal materialismo e dalla ricerca di riconoscimento e successo esteriore; attraverso la gratitudine per ciò che ho vissuto; attraverso il perdono; attraverso la meditazione; attraverso uno stile di vita sano, ecc. Così ho trovato la pace dell'anima.

Ero felice anche prima? Sì, grazie ai miei successi e alla mia ricchezza esteriore. Sono stato più felice dopo? Sì! Perché ho trovato l'accesso alla sorgente – alla forza, all'amore, alla gioia di vivere."

"Vivo nella gioia, nel sorriso e nell'umorismo. Sono un clown – il bambino di Dio. E con questo porto le persone a ridere, alla leggerezza e distribuisco raggi di sole.

Mi sento come un bambino. Alla fine del ritiro in India, ho avuto una visione interiore: mi sono visto come un bambino di 7 anni, ridendo, giocando, spensierato, pieno di gioia, curioso, coraggioso, creativo, interpretando il ruolo di un clown e rendendo felici gli altri – tirandoli fuori dalla monotonia quotidiana; divertendomi e scherzando – senza paura e preoccupazioni.

Eppure, posso anche essere serio. Perché da un lato ho 70 anni di esperienza di vita. E dall'altro, ritorno all'età infantile. Rappresento entrambe le dimensioni: quella esperta e quella fanciullesca. Che dono meraviglioso!

La vita è un grande arricchimento. Siamo così fortunati a essere qui su questa Terra. La vita è così semplice. Dobbiamo solo imparare il 'gioco della vita' – essere felici, essere gioiosi, ballare e portare gioia nel mondo. E unire questa gioia allo spirito. Perché non si tratta di una gioia superficiale, ma di una 'gioia' che va oltre."

7. Capitolo: Happy Money

La vita e il denaro sono interconnessi: senza denaro non c'è vita. E senza vita non c'è denaro. Ma la nostra vita è felice? E il nostro denaro è felice?

Il denaro ha un peso enorme nel mondo di oggi. Il nostro disagio interiore è indirettamente legato a questo. Perché abbiamo rivolto il nostro sguardo all'esterno – al materiale – dimenticando o relegando in secondo piano il nostro interno. E così non può nascere una vera felicità.

Innanzitutto, la domanda: che cos'è il denaro? Chat GPT risponde:
"Il denaro è un mezzo di scambio universale utilizzato per misurare, conservare e scambiare il valore di beni e servizi. Svolge diverse funzioni centrali nell'economia:

1. **Mezzo di scambio:** Il denaro facilita il commercio rappresentando un valore generale, eliminando la necessità di scambi diretti di beni o servizi.

2. **Riserva di valore:** Permette di conservare il potere d'acquisto nel tempo, così da poter risparmiare e spendere in futuro.

3. **Unità di conto:** Consente di valutare e determinare i prezzi di beni e servizi, creando una base comune per confrontare i valori.

4. **Strumento di pagamento dei debiti:** Viene usato per saldare debiti o obblighi finanziari.

Il denaro può esistere in diverse forme: fisicamente come monete e banconote, o digitalmente come saldi sui conti bancari. L'accettazione del denaro si basa sulla fiducia delle persone nel suo valore e nella sua capacità di fungere da mezzo di scambio e riserva di valore."

Ora la domanda: **possiamo ancora avere fiducia – nel nostro sistema monetario?** Ma, cosa ancora più importante: possiamo essere felici con la consapevolezza che abbiamo oggi riguardo al denaro? Questa consapevolezza ci porta felicità, serenità e leggerezza? Oppure appartiene al passato? Deve forse cambiare qualcosa nella nostra percezione affinché possiamo essere felici con il denaro? Queste sono tutte domande psicologiche o filosofiche. I ricchi direbbero: siamo felici. I poveri direbbero: non lo siamo.

Ci sono il 10% di ricchi e il 90% di non ricchi. Ma non si può dedurre che il 90% non sia felice. Molti di loro lo sono – interiormente. E molti tra i ricchi non lo sono. Non tutti i ricchi sono felici – esteriormente lo sembrano, ovviamente. Ma interiormente no. E i loro discendenti, in particolare, non lo sono. Cercano il loro scopo – il loro vero "io".

Per me, quindi, la questione riguarda l'interno e non l'esterno. Molte persone cercano felicità e beatitudine all'esterno, ad esempio nel denaro, nei beni materiali e nell'accumulo. Ma la felicità non si trova fuori, bensì dentro di noi.

Ho lavorato per 40 anni nell'industria del denaro, inizialmente nel settore del credito in Venezuela e poi per 25 anni come Private Banker per persone molto facoltose in America Latina, negli Stati Uniti e in Germania. Nel settore del credito, ho concesso grandi prestiti a grandi aziende e istituzioni statali. Ho osservato come gestivano quei fondi. All'epoca il Venezuela era uno dei paesi più ricchi grazie al petrolio. In realtà non avevano bisogno di prestiti. Ma li usarono per sviluppare diverse industrie, che in seguito crollarono. E così anche il denaro scomparve.

Come Private Banker, ero responsabile dell'acquisizione di nuovi clienti e della gestione dei loro patrimoni. Ho vissuto da vicino il modo in cui queste persone gestivano il denaro. Erano tutti imprenditori. Quasi tutti avevano iniziato da zero e ora possedevano patrimoni di milioni, se non centinaia di milioni. Mi sono chiesto come avessero accumulato tali fortune. Probabilmente moralità ed etica non giocavano un ruolo predominante, come ancora oggi accade nel mondo economico. *A causa della ricerca del profitto e della pressione della concorrenza, ai consumatori vengono venduti prodotti – attraverso un marketing abile, a volte aggressivo – che appaiono "brillanti" esteriormente, ma sono "marci" all'interno. Il cliente si sente più felice con quel prodotto rispetto a un altro. Ma in realtà è solo fuorviato da una campagna di marketing straordinaria, cioè dalle promesse pubblicitarie del produttore o del fornitore. I social media odierni, come Apple, Google, Facebook, Instagram, WhatsApp, Telegram, TikTok e la piattaforma X, sono strumenti utili a questo.*

Va notato che i social media hanno un impatto negativo sulla soddisfazione e sulla felicità.

In ogni caso, per i miei facoltosi clienti privati ero come un medico, un terapeuta e uno psicologo. Nei nostri colloqui personali si parlava della loro psiche, dei loro sentimenti verso la propria azienda e della loro famiglia. Sebbene nei nostri dialoghi approfonditi la questione di dove investire il denaro emergesse solo marginalmente, il tema del denaro era comunque implicitamente al centro della conversazione.

Molti si preoccupavano di chi nella famiglia avrebbero affidato il loro patrimonio e di chi avrebbe preso il loro posto nell'azienda. O di come proteggere il proprio denaro: "Come posso evitare di perdere ciò che ho?" Qui la paura gioca un ruolo enorme. Paura e, d'altra parte, avidità sono i due motori del business del denaro.

Ho incontrato e assistito persone con grandi patrimoni e ho percepito le loro opinioni sul denaro. Per molti si trattava di capire come far fruttare ancora di più i propri capitali, come guadagnare ancora di più (anche quando possedevano già 50 milioni o più).

Per altri, 50 milioni erano sufficienti. Facevano qualcosa di buono con il loro denaro, ad esempio investendolo nell'istruzione e nella promozione dei giovani. Quindi, usavano il denaro con saggezza e senso sociale.

Altri ancora giocavano con il denaro in modo imprudente – guadagnando e perdendo. Alcuni avevano un buon istinto, altri no.

Dall'altro lato, ho incontrato in America Latina persone che non avevano nulla, ma sorridevano dal profondo del cuore. Anche in Europa ho conosciuto persone con redditi modesti, che, pur avendo alcune preoccupazioni, possedevano una consapevolezza interiore: sapevano di essere sempre provvisti del necessario.

Dipende quindi dall'atteggiamento interiore se siamo felici o meno – sia che abbiamo molto denaro, sia che ne abbiamo poco.

Ma molte persone non vivono nel loro mondo interiore, bensì nell'esteriorità. Si preoccupano del denaro. Non riescono a dormire, sono workaholic o ricorrono ad alcol, gioco d'azzardo e altro (spesso anche persone benestanti). Hanno perso il terreno sotto i piedi. Molte cliniche in Svizzera sono occupate da pazienti con questi fenomeni. Le cause possono essere traumi – vissuti nell'infanzia o in età adulta – o convinzioni interiorizzate. E il denaro gioca spesso un ruolo in tutto questo. Ho imparato molto dalla mia famiglia d'origine su questo tema. Tuttavia, nelle cliniche, il tema del denaro non è ancora arrivato al centro dell'attenzione.

Il dogma del denaro, sia per i ricchi sia per i poveri, è generalmente associato a preoccupazioni, paure di perdita e avidità. Di conseguenza, il denaro viene accumulato. E questo crea un blocco. Il flusso vorrebbe scorrere. L'acqua deve scorrere. Anche il denaro dovrebbe scorrere. Ma non lo fa più. Perché no? **Non abbiamo gestito bene il denaro.**

A ciò si aggiunge la visione familiare sul denaro, che è spesso determinata da una prospettiva negativa. Come accennato in precedenza, i contesti familiari riguardo al denaro sono un fattore molto importante. Durante l'infanzia, abbiamo sentito molte cose sul denaro da genitori e nonni. Queste affermazioni, opinioni e visioni sul denaro sono radicate in noi. Forse le abbiamo già assimilate al momento del concepimento o durante la gravidanza.

Anche la storia ha dimostrato che il denaro è stato spesso acquisito in modi non etici e moralmente discutibili. Molte famiglie, ad un certo punto della loro storia, hanno accumulato denaro in questo modo. Ci sono molte prove a riguardo. Non solo l'Istituto Max Planck ne è a conoscenza, ma anche gli storici. Io stesso ho potuto sperimentarlo nella mia famiglia.
E se abbiamo acquisito denaro in modo non etico, ciò ha effetti inconsci sulla psiche, sulle relazioni e sulle finanze all'interno della famiglia. E questo si trasmette di generazione in generazione.

Cosa deve accadere affinché tutte le persone possano essere felici con il loro denaro? Dobbiamo cambiare la nostra consapevolezza. Il denaro è un mezzo di scambio, come sappiamo. Con questo mezzo di scambio possiamo iniziare a comportarci diversamente: con amore, con gioia, con cordialità. Possiamo donarlo agli altri – alla cassiera del supermercato, al benzinaio, al cameriere – con amore e dal cuore, augurando loro ogni bene. Possiamo onorare il denaro, amarlo, riconoscerlo. In questo modo, il denaro diventa "caldo". Fino ad ora è stato "freddo e insensibile". Possiamo invertire l'energia – infondervi i nostri sentimenti. Perché il denaro è energia.

Per molte persone questo concetto è nuovo. Per loro il denaro è oscuro, pesante, forse nero. Sebbene il denaro sia neutrale, le persone lo percepiscono in queste diverse forme. Siamo noi esseri umani a rendere l'energia del denaro negativa o a vederla in modo negativo. Ma abbiamo anche il potere di cambiarlo. Perché noi abbiamo potere sul denaro. Possiamo usarlo in modo positivo o negativo.

Possiamo decidere oggi in quale direzione vogliamo andare, noi e il denaro. Possiamo guardare l'energia del denaro in modo diverso. Possiamo amarlo, onorarlo, riconoscerlo e gestirlo bene. Quando gestiamo bene il denaro e lo utilizziamo in modo appropriato, ciò porta gioia e benessere (e non paure, preoccupazioni, sensi di colpa o depressioni). Questo è il noto principio di causa ed effetto.

Possiamo ora utilizzare la nostra energia in modo positivo se desideriamo essere felici e se desideriamo che il denaro fluisca verso di noi. Finora non abbiamo trattato bene il denaro. Questo è il motivo per cui il denaro non scorre più. Molte persone e molte aziende (VW, Mercedes e altre) lo stanno già vivendo. Il denaro non fluisce più come prima. Presto anche alcuni governi e paesi (USA, Francia, Italia) lo sperimenteranno.

Raggiungere la felicità include quindi un nuovo – un positivo – approccio al denaro. Così potremo entrare nella gioia e nell'allegria. E così creeremo HAPPY MONEY. Possiamo caricare l'energia del denaro di positività. Possiamo rendere il denaro FELICE.

Happy Money non è una nuova valuta, ma una nuova consapevolezza – una nuova percezione del denaro. Dobbiamo quindi cambiare la consapevolezza delle persone. La nostra consapevolezza fino ad oggi non aveva un alto livello. Era legata all'epoca corrispondente, ossia alle circostanze storiche. All'inizio si trattava di sopravvivenza. Il denaro veniva usato per salvare vite. Lo vediamo ancora oggi nelle persone provenienti dall'Africa o da zone di crisi come la Siria, l'Afghanistan, ecc., che pagano trafficanti per salvare le loro vite e raggiungere un luogo sicuro.

Durante la guerra, noi tedeschi usavamo il denaro per comprare qualcosa da mangiare, quindi di nuovo per sopravvivere. Oggi usiamo il denaro per farne di più, per moltiplicarlo. E molti desiderano sempre di più. Finché questo desiderio non serve l'ego, ossia per riempire un vuoto interiore o mantenere uno status, ma è orientato al bene comune, è accettabile.

Tuttavia, le persone nei paesi in via di sviluppo lottano ancora per sopravvivere. Il denaro non arriva facilmente a loro. Si percepisce come un peso.

Oggi viviamo in una nuova era. La visione della vita e del denaro sta cambiando. Molte persone non sono più soddisfatte della visione tradizionale. Si sentono bloccate, esauste, prive di energia e stanche della vita. Cercano qualcosa di nuovo – qualcosa che dia loro stabilità, fiducia e gioia. Cercano una base solida o un albero salvifico nell'oceano.

Il nostro compito è far fluire il denaro, guardarlo con gioia, considerarlo dorato – come "oro" – e trasformare il nostro denaro, che finora è stato percepito come pesante e oscuro, in un flusso di Happy Money.

Possiamo offrire oggi alle persone una nuova – una più ampia – consapevolezza del denaro: alle persone nei paesi in via di sviluppo, dove il flusso di denaro è scarso; alle persone nei paesi sviluppati, dove il flusso di denaro è più costante ma ancora insufficiente; e anche a coloro che godono di entrate finanziarie prosperose.

Possiamo lasciarci alle spalle il nostro passato e cancellarlo dalla nostra memoria. Siamo giunti a un livello di consapevolezza più elevato. E con esso, una nuova visione e un nuovo atteggiamento verso il tema del denaro.

Alcune persone non saliranno immediatamente sul treno del denaro felice. Dal punto di vista della loro anima, devono ancora attraversare il percorso di un flusso di denaro limitato. Ma non staranno male. Non dovranno lottare per sopravvivere. Per loro è una lezione di vita – imparare a vivere con poco. Ciò vale anche per coloro che finora hanno avuto molto e hanno vissuto nell'abbondanza. Anche loro imparano a essere felici con meno. Perché, come sappiamo da sempre, il denaro non fa la felicità.

Ma noi vogliamo essere felici. Non avendo gestito bene il denaro e focalizzandoci più sul materiale che sull'interiorità, non siamo felici. Per essere felici, dobbiamo cambiare il nostro rapporto con il denaro e il modo in cui lo percepiamo. Perché il denaro vuole essere felice. Con un nuovo approccio e una nuova visione, diventa felice. E allora verrà da noi.

Se concentriamo l'attenzione più sui valori interiori che su quelli materiali, allora nasce Happy Money. E allora saremo felici. Saremo più interessati alla soddisfazione, alla gioia e alla felicità che al rendimento finanziario.
Il denaro, infatti, non scorre più come prima; la ricerca di rendimento finanziario sta lentamente volgendo al termine. Lo vediamo nei prezzi degli asset in calo. L'inflazione, la diminuzione della fiducia, l'alto livello di indebitamento e altri fattori stanno portando a rendimenti ridotti o a perdite.

Dal denaro "duro" di oggi si sta trasformando in denaro "morbido" – emozionale e, quindi, felice. E noi diventiamo felici. Perché oggi non siamo felici: inseguiamo il rendimento finanziario e ci orientiamo verso beni di lusso e simboli di status.

Questa nuova trasformazione del denaro ha i seguenti benefici: il valore sociale dell'individuo viene elevato e non è più determinato dal possesso di beni materiali, ma da ciò che egli crea in termini di gioia emotiva per sé e per gli altri. Si tratta quindi di una nuova collaborazione, piuttosto che competizione ed egoismo. Il successo non sarà più misurato dal profitto finanziario e dalla ricchezza, ma dalla soddisfazione e dalle emozioni positive.

Le persone non accumulerebbero più beni materiali, ma offrirebbero generosità, cura e le proprie capacità per diffondere gioia. I legami tra le persone potrebbero così diventare più profondi e significativi. La fiducia diventerebbe la nuova "valuta". Il denaro di oggi diventerebbe secondario. Valori emozionali come empatia, compassione, gioia e soddisfazione sarebbero le risorse più preziose.

Si tratta di un'ispirazione reciproca: diventiamo felici quando trattiamo il denaro in modo diverso e vediamo come cresce. E il denaro diventa felice perché siamo felici. Così, ci arricchiamo a vicenda. È un nuovo inizio per il nostro sistema di denaro e di vita.

Diventiamo come bambini. I bambini non sono felici perché hanno denaro. Sono felici per natura. E poi ricevono i regali (denaro e altri doni). E li usano per costruire un nuovo mondo giocando, vedendolo crescere. Si rallegrano e sono felici. Per loro il denaro gioca un ruolo secondario. Non è pesante, ma leggero.

Anche noi ora vediamo il denaro in modo diverso: trasformiamo la nostra visione del denaro da "è pesante; è associato a invidia, gelosia, frode" in "è leggero". Viene da noi facilmente. Dal denaro di oggi, percepito come pesante, oscuro, macchiato, triste e doloroso, nasce "Happy Money".
Immaginiamo che il denaro felice fluisca verso di noi. Lo accogliamo con amore e affetto – lo amiamo profondamente. Questa metafora la possiamo visualizzare ogni giorno. E poi il denaro felice comincia a fluire verso di noi – prima lentamente, poi sempre di più.

Cambiamo quindi la nostra intenzione: non più cercare sempre di più, ma essere soddisfatti di ciò che abbiamo. E usare il denaro per scopi che servano al bene comune.

Abbiamo fiducia e crediamo in un'entità più grande: un'energia invisibile e cosmica ci sostiene, perché le nostre intenzioni sono buone, a favore della Terra e dell'umanità – dunque per il bene comune, e non più soltanto per noi stessi e per il nostro ego.

Questa fede e questa fiducia rappresentano un nuovo movimento, chiamato **Money & Spirit.** Significa che il denaro proviene da una grande forza, non appena cambiamo il nostro modo di pensare, modifichiamo le nostre intenzioni e sviluppiamo fiducia.

Possiamo dimenticare le nostre azioni, pensieri e intenzioni passate riguardo al denaro, così come il modo distruttivo in cui lo abbiamo gestito. I tempi dell'avidità, dell'invidia, della gelosia, della frode, della manipolazione e della corruzione legati al denaro sono definitivamente finiti.

Portiamo il denaro – l'oro – dal cielo alla terra. Come? Lasciando fluire ogni giorno attraverso di noi la luce dorata – la nostra intuizione e ispirazione. Questa luce ci rende consapevoli delle cose che dobbiamo affrontare per creare qualcosa di nuovo. Perché siamo nati con dei doni. E ora possiamo usarli per trasformare il mondo disgregato in uno nuovo – più bello.

Happy Money è quindi la nuova energia del denaro. Sviluppiamo un nuovo atteggiamento verso il denaro: niente più dipendenza dal denaro, niente più corse per accumularlo! E, se necessario, sciogliamo i legami con la famiglia, specialmente quelli che portano energie negative.

Una conoscente mi ha raccontato un esempio. Suo padre non aveva un buon rapporto con il denaro. Gli scivolava tra le mani. Il denaro non restava con lui. E la stessa cosa accadde a lei da adulta. Un giorno incontrò una mentore energetica. "Devi separarti dall'energia di tuo padre", le disse. E così fece, dicendo mentalmente a suo padre: "Il tuo rapporto con il denaro non è affar mio (o mia responsabilità), ma tuo. Non ho nulla a che fare con esso. Ora mi libero di questa energia distruttiva." Da quel momento, il denaro cominciò a fluire verso di lei. E rimase con lei. Il denaro si sentiva a suo agio con lei e cresceva. Il denaro la amava. E lei amava il denaro.

E così, da una condizione infelice, si è passati a una condizione felice. La mia conoscente è molto felice, perché con questo metodo è riuscita a risolvere anche altri problemi. Come ci è riuscita? Sciogliendo i legami con la famiglia, in questo caso legami legati al denaro. Possiamo sciogliere tutti i tipi di legami: familiari, professionali, cattive relazioni, lavori noiosi, dipendenze da alcol e altri problemi.

Ma, come detto all'inizio, dobbiamo cancellare il nostro passato dalla memoria. È iniziata una nuova era. Possiamo vedere il denaro come uno strumento che d'ora in poi ci arriva con facilità, che è dorato e che scorre verso di noi.

Possiamo eliminare oggi i pesi familiari e personali accumulati nel tempo. Perché l'origine e la causa del nostro disagio in ambito emotivo e monetario si trovano nella storia della nostra famiglia. Questo ci porta alle nostre radici, alle radici della nostra famiglia e forse anche a sofferenze, dolori e lutti causati dalla famiglia.

Nel percorso verso un rapporto positivo con il denaro impariamo a perdonare. E facciamo pace con la nostra storia. Alla fine, ciò porta alla guarigione dei nostri antenati, di noi stessi e del nostro rapporto con il denaro.

Per questo possiamo:
→ Cambiare le nostre convinzioni e i nostri condizionamenti.
→ Lasciare fluire la gioia in ciò che facciamo.
→ Aprire il nostro cuore.
→ Lasciare andare il denaro senza trattenerlo.
→ Investire denaro in persone e nella Terra, rendendoli felici.
→ Avere fiducia che il denaro tornerà indietro.
→ Credere nel bene comune.

Attraverso il nostro cambiamento, il denaro fluirà:
→ La ricchezza interiore diventerà più importante della ricchezza esteriore.
→ Gioia e leggerezza sostituiranno avidità, paura e preoccupazioni.
→ L'amore prenderà il posto di invidia, rancore e gelosia.

Dopo tutto questo, vedremo il denaro con occhi diversi – con una nuova consapevolezza. L'albero è piantato! Rappresenta noi e ci dona la nostra stabilità. È un momento straordinario. Il vecchio se ne va e il nuovo arriva. È iniziata una nuova epoca.
E questo è il cammino verso HAPPY MONEY.

"**Il denaro è amore. Il denaro è prosperità. Il denaro è abbondanza.** Quando investiamo denaro in qualcosa che tocca il nostro cuore, sperimentiamo il sentimento della felicità. Allora nasce la gioia. E le nostre paure svaniscono.
E vediamo come l'investimento cresce. E siamo grati.

Il nuovo denaro fa fiorire tutto. Anche noi fioriremo! Il nostro denaro fa fiorire la nostra salute, la nostra famiglia, il nostro lavoro, ecc. Diamo il denaro con gioia, amore e gratitudine. E lo riceviamo con gioia, amore e gratitudine. E così fiorisce l'economia. In questo modo, tutto può "fiorire": **con gioia, amore, gratitudine e apprezzamento.**

Il denaro per questo ci viene dato. Se agiamo dal cuore, il denaro viene a noi (automaticamente). Lasciamo che accada! Abbiamo fiducia! Lasciamo che l'avidità di "più", così come le paure e le preoccupazioni, appartengano al passato. Lasciamo entrare nella nostra vita gioia, luce e raggi di sole!

Perché il capitale delle persone non è solo l'"oro esteriore" – il denaro, ma sono i nostri potenziali, i talenti e la creatività, il nostro coraggio e fiducia, la nostra moralità, onestà e trasparenza, così come la nostra allegria e salute. Con questo capitale possiamo sempre costruire qualcosa di nuovo.

Molte persone finora, a causa della loro formazione, svolgono attività che non sono necessariamente connesse al cuore. Fanno cose che non portano gioia, quindi non affini al cuore. Perché fanno tutto con la mente, come la società, la famiglia, la scuola e l'università hanno insegnato loro. Così, le persone hanno acquisito convinzioni che oggi non sono più valide.

Possiamo oggi fidarci di noi stessi: dei nostri doni, della nostra creatività e competenza, delle nostre intenzioni e intuizioni nelle decisioni che prendiamo o nei percorsi che scegliamo ogni giorno, anche se qualcosa dovesse andare storto. Se noi esseri umani accettiamo questa nuova consapevolezza di noi stessi, allora diventeremo "ricchi". E allora arriverà anche il denaro."

"Il denaro arriva a noi con facilità, se:
- APPREZZIAMO il denaro.
- Lo vediamo come un'ENERGIA che ritorna a noi quando lo trattiamo bene e con benevolenza (e non con avidità, sfruttamento o frode).
- Usiamo il CUORE, l'AMORE e lo SPIRITO (Spirit).
- Siamo APERTI e ONESTI con noi stessi e con tutti.
- Proviamo GIOIA in ciò che facciamo.
- Facciamo qualcosa di BUONO per gli altri.
- Impieghiamo il denaro in COSE BUONE.
- CONDIVIDIAMO il denaro. Condividere = guarire.
- Facciamo PACE con il denaro, con noi stessi e con tutti gli altri.

Il denaro è come un bambino amato. Lo accogliamo tra le braccia, lo amiamo e lo trattiamo con cura.

Con un nuovo atteggiamento – una nuova prospettiva – possiamo trasformare il denaro di oggi, percepito da molti come "pesante", in denaro felice – HAPPY MONEY."

"**La fiducia è fondamentale.** Finora abbiamo avuto fiducia nel sistema, come scritto all'inizio: 'L'accettazione del denaro si basa sulla fiducia delle persone nel suo valore e nella sua capacità di fungere da mezzo di scambio e riserva di valore.'

Ora si tratta della nostra fiducia – non nel sistema (che è terreno), ma nel Grande Tutto. Siamo connessi a tutto – anche a una dimensione superiore/entità divina (= lo Spirito), al nostro vero 'Io' divino. Ed è da lì che proviene il denaro – sotto forma di doni e talenti che abbiamo portato con noi sulla Terra.

Da bambini non conosciamo ancora i nostri doni e talenti. Ma li usiamo già inconsciamente, siamo creativi e costruiamo o sviluppiamo qualcosa. Anche il denaro può essere coinvolto in questo processo. Ma il focus del bambino non è sul denaro. Il bambino nemmeno lo conosce. Il focus è su ciò che vuole costruire o creare. Il denaro gioca un ruolo secondario.

Nel mio libro 'Il Denaro Felice' scrivo del bambino il cui cuore è aperto e che è toccato dalle tante belle cose che si presentano nel suo mondo infantile. La sua fantasia e creatività non conoscono limiti. Il bambino vuole costruire un mondo nuovo.

Comincia a portare i suoi risparmi in un vivaio per acquistare una pianta. La annaffia, le dona amore ed energia positiva. Così vede crescere la pianta.

La famiglia gli regala altri soldi e il bambino compra una seconda pianta. Anche questa riceve acqua, amore e pensieri positivi. Anche questa cresce sotto gli occhi del bambino. E così costruisce un nuovo mondo – un mondo fatto di natura, persone felici e denaro felice, dove l'apprezzamento, l'amore e la gioia diventano il nuovo fondamento della vita."

"Ed è questa la trasformazione: invece di considerare il denaro nell'età adulta come qualcosa di pesante e da gestire male, torniamo all'età infantile e vediamo il denaro come una componente secondaria ma con grande apprezzamento e amore. E così il Denaro Felice arriva a noi in modo giocoso."

8. Capitolo: Felicità e Spiritualità

Viviamo in un mondo visibile e invisibile. Il mondo visibile lo riconosciamo e crediamo alle affermazioni degli scienziati, ecc.
Il mondo invisibile, invece, suscita diffidenza in molte persone. Non crediamo ai messaggi espressi in questo ambito, a meno che non siano spiegati e dimostrati scientificamente, o resi tangibili fisicamente. Ed è qui che si dividono le opinioni. Alcuni necessitano di una prova scientifica, altri no. Essi sanno, grazie al loro passato (vite precedenti) e alla loro intuizione, che il mondo invisibile e non dimostrato scientificamente è vero e reale.

Noi esseri umani siamo creature energetiche, composte per il cinque per cento di consapevolezza. Il restante 95% è inconscio. Molti pensano che la nostra conoscenza del cinque per cento sia sproporzionata, tanto da permetterci di manifestare ego, arroganza e presunzione, invece di esercitare umiltà e saggezza.

Il nostro corpo fisico è composto da centri energetici, chiamati anche chakra. Questi centri formano un sistema di comunicazione – costituito da nervi e ormoni – che converge nei sette chakra del corpo.
Attorno al corpo fisico ci sono corpi di luce, che attraggono altre persone, come descritto nella prefazione. Oggi possiamo lasciare che il nostro corpo di luce brilli d'oro, in modo da attrarre molte persone. Possiamo irradiare gioia e felicità, rendere felici le persone intorno a noi. Possiamo trattare gli altri con rispetto,

incontrandoli alla pari e non come sudditi o adoratori, trasmettendo gentilezza.

"Basta un sorriso per rendere felici gli altri."

Quando, però, il sistema nervoso e quello ormonale non sono in equilibrio, una persona vive nella paura, nella lotta o nella fuga. La sua realtà non è più sicura e si verificano traumi, stress e malattie.

Gli sciamani sono esperti nella guarigione dei traumi. Quando guariscono il corpo, riportano in equilibrio il sistema nervoso e quello ormonale. Così facendo, evitiamo di immagazzinare i nostri traumi - nel nervo vago, che collega il cervello a ogni organo del corpo. Il nervo vago viene ricalibrato, permettendo la guarigione dei traumi.

Grazie a questo equilibrio, possiamo anche cambiare la consapevolezza delle persone – dal materialismo all'interiorità, dall'egoismo al bene comune, dal "Io" al "Noi", dal focus sul denaro al focus sulla felicità, e dalla nostra energia maschile patriarcale a quella femminile.

Il 95% delle azioni si svolge nel campo invisibile. Questo è un campo energetico che comunica con il campo quantico. In questo campo gli sciamani sono a casa. Sanno come affrontare i traumi. Possiedono la conoscenza delle antiche saggezze. Sono i saggi antichi.

Anche noi possiamo diventare saggi. Possiamo imparare dai saggi antichi. Possiamo mettere da parte la nostra superbia, arroganza e senso di superiorità.

In questo modo arriviamo alla felicità – una sensazione di gioia la cui fonte non è l'esterno e quindi il materiale, ma i nostri valori interiori, il nostro cuore e la nostra anima (e quindi la psiche).

In questo contesto: com'è possibile che una persona, le cui cellule corporee sono piene di cancro, consapevole di avere solo pochi mesi di vita e di dover lasciare solo al mondo un giovane figlio di 18 anni, sia piena **di gioia, risate e positività**?

Ho avuto il privilegio di incontrare questa persona nel 2015 a Palm Beach, in Florida, presso l'Hippocrates Health Institute, durante la mia prima visita a questo istituto. Jackie stava al centro della sala da pranzo – bionda, angelica, radiosa, felice. Così mi accolse, senza sapere chi fossi.
Raccontò la sua storia. Ne rimasi profondamente impressionato. Che sofferenza. Che destino. E poi quella gioia. Quella felicità. Quella profonda conoscenza interiore. Quella figura divina.

Jackie Campisi era un'oculista a Connecticut, vicino a New York, con uno studio di successo. Poi le fu diagnosticato un tumore al midollo spinale. Passò un periodo molto difficile nella sua vita. Alla fine, il cancro fu sconfitto, ma perse lo studio e l'assicurazione sanitaria a causa degli altissimi costi delle cure.

Scoprì l'Hippocrates Health Institute a West Palm Beach e si trasferì in Florida con il suo compagno. Iniziò a lavorare in quell'istituto, aiutando i pazienti oncologici a vedere il mondo con speranza e positività, anziché tristezza e negatività. Dava loro **sostegno, fiducia e gioia di vivere.**

Poi a Jackie venne diagnosticato nuovamente un tumore. I medici le diedero un anno di vita. Rimase allegra, piena di speranza e radiosa tutto il giorno. L'ho accompagnata insieme al suo compagno per molto tempo. All'epoca vivevo a Miami e andavo spesso a Palm Beach per vederla, darle forza, assorbire la sua saggezza e comprendere la sua connessione invisibile con qualcosa di più grande – una fonte dalla quale attingeva ogni giorno. Non era religiosa. Ma esisteva una fonte che la guidava e le dava forza, permettendole di portare non solo se stessa, ma anche gli altri, a qualcosa di straordinario – trasmettendo loro **gioia, felicità e allegria.**

Quando l'anno previsto dai medici passò e lei era ancora viva, nacque in lei un ulteriore sentimento di felicità. Visse ancora un altro anno, ma divenne sempre più difficile, perché perse il lavoro all'istituto, non aveva più denaro e il suo corpo si avviava lentamente alla fine. Alla fine le fu donato un trapianto di cellule staminali, ma non servì più. Nel frattempo, ero tornato ad Amburgo, ma continuavo a parlarle o scriverle. E poi si addormentò lentamente.

Due mesi dopo avevo un volo per Miami per visitare degli amici. Che sorpresa. Ricevetti la notizia che la domenica successiva al mio arrivo ci sarebbe stato un servizio commemorativo per Jackie a West Palm Beach. Che coincidenza che questo servizio fosse previsto proprio quando mi trovavo a Miami. Gli organizzatori del servizio funebre non sapevano che avessi pianificato il viaggio. Quella domenica andai ovviamente a Palm Beach e tenni l'elogio funebre per Jackie Campisi.

Fu una celebrazione molto bella – piena di leggerezza, gioia e gratitudine per i messaggi di Jackie alle persone, a cui dava **forza, fiducia, luce e amore,** oltre alla mia profonda gratitudine per aver conosciuto Jackie – questa figura angelica, quasi divina, che oggi fluttua sopra di noi come un'entità invisibile, portandoci la sua felicità sulla terra.

"Ridere è una liberazione, proprio come lo sono le lacrime. Quando sono diventata buddista, ho imparato e infine compreso che il passato, il presente e il futuro sono una cosa sola. Tutto ciò che mi è accaduto – il bene e il male – fa parte di me. L'ho accettato. E questa accettazione mi rende più forte."
Tina Turner

Nel settembre 2007, ho tenuto una conferenza presso una prestigiosa banca privata ad Amburgo: "Come portare l'oro del cielo sulla terra". L'oro del cielo è anch'esso invisibile. Non si può toccare. Ma esiste. L'oro è, da un lato, il nostro oro interiore – i talenti, le potenzialità e i doni che abbiamo portato sulla terra con la nascita. Dall'altro lato, è l'oro esterno – il denaro che fluisce verso di noi grazie ai nostri doni. Sono quindi i valori interiori che materializziamo. E quindi il tema: come portare l'oro del cielo sulla terra?

9. Capitolo: Come portare l'oro del Cielo sulla Terra

Il 17 settembre 2007 ho tenuto la seguente conferenza presso la rispettabile banca privata Sal. Oppenheim, nella sede della sua filiale di Amburgo. Avevo avuto l'intuizione – un'ispirazione – che questa banca privata bicentenaria non sarebbe rimasta a lungo nella sua forma attuale. E infatti, poco tempo dopo, la banca è stata acquisita dalla Deutsche Bank a causa di una gestione imprudente e speculativa del denaro. Altrimenti avrebbe dovuto dichiarare fallimento.

Che vergogna per una famiglia che per sette generazioni aveva gestito questa rispettabile istituzione bancaria. Tuttavia, come descritto in questo libro: i membri della famiglia devono attraversare destini che non sempre dipendono da loro, ma piuttosto dalle azioni dei loro antenati. Sono nati in questa famiglia perché la loro anima l'ha scelta per fare determinate esperienze.

A proposito, il giorno dopo la conferenza sono stato invitato dalla direzione. Mi è stato comunicato che il contenuto del discorso non aveva incontrato il favore dell'azienda, in quanto non si poteva ricavarne un profitto monetario diretto.
D'altra parte, il feedback del pubblico è stato molto positivo. Alla fine della conferenza, una rinomata signora di Amburgo si è alzata per congratularsi con me, elogiando come un argomento

così complesso fosse stato presentato in modo così sintetico e chiaro, e mi ha invitato a partecipare a un viaggio in India. Lì, ha spiegato, temi come la ricchezza interiore e la spiritualità vengono insegnati in un'università. Qualche settimana dopo, ho intrapreso quel viaggio in India.

Il 5 ottobre 2007 ho tenuto lo stesso discorso al Rotary Club Hamburg-Altona. Alcuni Rotariani lo hanno apprezzato molto, altri meno. Qualche mese prima avevo tenuto una conferenza sull'America Latina, concludendo con questa riflessione:

"Molti latinoamericani, specialmente gli indigeni (Indios), non possiedono ricchezze materiali, ma hanno una ricchezza interiore. Questo si riflette nei loro occhi luminosi, felici, e nel loro sorriso. Qui, nell'Europa occidentale, vedo persone con grandi ricchezze materiali, ma senza un sorriso e senza occhi luminosi e felici."
Anche con questa affermazione non mi sono fatto molti amici. I Rotariani hanno reagito con imbarazzo, guardando altrove.

Ed ecco ora il mio discorso:

Signore e signori, cari amici!

Benvenuti in questi meravigliosi locali della banca privata Sal. Oppenheim. Prima di tutto, desidero ringraziare la banca privata Oppenheim e il suo direttore per il Nord della Germania, il signor von Hirschhausen, per l'opportunità di parlare oggi qui.

Sono lieto di potervi parlare oggi di un tema molto speciale:

"Come portare l'oro del cielo sulla terra?"

Permettetemi di presentarmi brevemente, di delineare il percorso di vita di Michael H., un uomo d'affari proveniente dall'America Latina, e di condividere con voi la mia visione della VERA RICCHEZZA.

Lo scopo di questa conferenza è creare CONSAPEVOLEZZA sull'UNITÀ tra ricchezza interiore e ricchezza esteriore.

Ecco gli argomenti principali:
- Vita di Rafael D. Kasischke
- Vita di Michael H.
- Visione della VERA RICCHEZZA
- Creare CONSAPEVOLEZZA sulla ricchezza interiore ed esteriore

1. Presentazione personale:

Sono sposato, ho una figlia di 13 anni e un figlio di 11 anni. Ho trascorso 15 anni della mia vita come banchiere in America Latina e altri 6 anni negli Stati Uniti, lavorando per prestigiose banche tedesche e svizzere. Da molti anni lavoro come consulente indipendente per le banche.

Grazie alle mie esperienze personali e ai destini che ho vissuto, ho trovato un percorso completamente nuovo nella vita, ed è proprio di questo che voglio parlarvi oggi.

Voglio contribuire a **riequilibrare la ricchezza**
per coloro che sono pronti a riceverla.

Il valore del denaro è fuori equilibrio.
Deve essere ridimensionato da qualcosa di eccessivo a qualcosa di ragionevole.
L'essere umano, e non il denaro, dovrebbe tornare al centro della vita, poiché il denaro da solo non porta felicità.

Come fare? L'idea è questa:
Si potrebbe trasformare il denaro in oro.
Perché l'oro rappresenta ricchezza
sia interiore che esteriore!

L'oro non è solo un metallo, ma anche un'energia,
una forza spirituale che dobbiamo imparare a utilizzare.

Citando l'ex presidente di Abu Dhabi,
Sheikh Zayed bin Sultan Al Nahyan:
*"La ricchezza non ha un valore reale finché
non è al servizio delle persone."*

2. Selezione fotografica:

a) Persone ricche e famose (ricchezza esteriore). Come potete vedere, si tratta di personalità che hanno accumulato una straordinaria ricchezza materiale.

b) Persone felici e calorose: amore, gioia, amicizia, anima = ricchezza interiore.

Conosciamo tutti queste grandi personalità del denaro e percepiamo anche la loro sofferenza interiore.
Conosciamo tutti momenti di felicità e amore e sentiamo una grande nostalgia per essi.

Perché gli europei e gli americani benestanti hanno spesso volti tesi, preoccupati per il loro denaro, mentre le persone povere hanno un sorriso felice sul viso?

Cosa sono i veri valori?
Cosa significa ricchezza esteriore?
Cosa significa ricchezza interiore?
Come posso ottenere entrambe?

Come trasformare il denaro in oro?
Qual è l'oro di cui stiamo parlando?

L'unica strada per ottenere questo è una:
dobbiamo intraprendere il cammino spirituale,
dobbiamo infondere l'anima al denaro.

3. La storia di Michael H.

Questa saggezza è già stata scoperta da alcune persone, come ad esempio il commerciante Michael H., di cui vi parlerò brevemente.
Perché proprio lui?
Perché Michael H. ha compreso che solo l'UNITÀ tra ricchezza interiore ed esteriore conduce alla FELICITÀ.

Michael H. nasce ad Amburgo nel 1941 in una famiglia di umili origini. Completa un apprendistato come commerciante di import-export.

All'età di 20 anni, inizia la sua grande fortuna: ottiene un'opportunità di lavoro presso una catena alimentare in America Latina.

Ma presto arriva il primo colpo del destino: i proprietari gestiscono in modo sconsiderato le finanze, e l'azienda va in bancarotta.

Michael coglie una nuova opportunità e avvia una piantagione di canna da zucchero. Anche questa impresa, però, fallisce: un incendio distrugge l'intera piantagione.

Si ritrova senza lavoro e con debiti ingenti.

Ciò che lo ha davvero sostenuto in tutti questi colpi del destino è stata sua moglie Marilu, che conosce e sposa poco dopo il suo arrivo in Perù.

È LEI a stare sempre al suo fianco, anche nei momenti più bui.

È LEI a portare un raggio di luce nell'oscurità delle sue difficoltà lavorative.

Con i suoi caldi occhi marroni, gli infonde sempre coraggio, facendogli capire che deve continuare.

E così, grazie al suo spirito e alla sua determinazione, Michael riesce a realizzare grandi cose nella sua vita. Diventa un imprenditore di successo nel settore della navigazione e costruisce un notevole patrimonio.

Tuttavia, anche in questo percorso non mancano alti e bassi. Impara lezioni di vita importanti e vive esperienze dolorose.

Michael viene ricattato e costretto a cedere una parte significativa dei suoi guadagni aziendali a un funzionario governativo. Inoltre, vive con la costante paura di perdere la sua famiglia a causa di un rapimento. Per proteggere i suoi figli, decide di farli studiare all'estero.

In tutte queste situazioni, Marilu continua a guardarlo con i suoi occhi caldi e pieni di forza. Lei sa che il destino non può essere controllato.

Michael diventa un uomo saggio. Cerca il senso della vita e alla fine lo trova. Scopre il percorso che era destinato a seguire su questa terra. E questo, in fondo, è il compito di ognuno di noi: trovare il proprio cammino e percorrerlo. Ma ognuno deve affrontare questo percorso da solo. Tuttavia, non siamo mai davvero soli, poiché l'aiuto arriva sempre. La chiave sta nell'atteggiamento interiore: avere fiducia in Dio.

Oggi, quando Michael guarda il porto dalla sua casa di Amburgo e riflette sulla sua vita, si sente orgoglioso di ciò che ha realizzato ed è profondamente felice.

Sua moglie e i suoi quattro figli riempiono il suo cuore. È l'equilibrio tra valori materiali e interiori che lo rende ricco.

Per Michael, ciò che conta davvero nella vita è la felicità, la serenità e la famiglia. E queste cose non si possono comprare con il denaro. Chi riesce a creare questo equilibrio è una persona felice e completa.

Oggi molte persone cercano felicità e denaro. La ricchezza si trova ovunque: è dentro di noi. Dobbiamo solo essere pronti a riceverla.

La storia di Michael rappresenta il percorso di vita di molti tedeschi all'estero, ma non solo all'estero. Riflette anche il mio stesso percorso di vita. Michael ha toccato corde profonde in me quando ha detto: l'unica cosa che conta davvero sono gli occhi consolatori e gentili di sua moglie.

Questa affermazione ha una componente spirituale importante: attraverso gli occhi guardiamo nell'anima delle persone. E in anime come quella di Marilu troviamo conforto e guarigione, che aiutano veramente. Questo è un principio cosmico.

Perché racconto questa storia?

La vita di Michael rispecchia la vita di tutti noi: ci sono alti e bassi. La vita non segue mai una linea retta. Ma dopo ogni "basso" arriva di nuovo un "alto".

Michael non si arrende mai, trova sempre nuova forza e ottimismo per ricominciare da capo.

Ho osservato lo stesso carattere negli Stati Uniti: anche gli americani, dopo un fallimento, ricominciano sempre da capo. E noi tedeschi? Dopo una sconfitta professionale, molti di noi si scoraggiano.

Anch'io ho attraversato valli di difficoltà e disperazione. Anch'io ho lottato a lungo con il dubbio. Ora sto scalando di nuovo la montagna. Mi sono rialzato e per questo sono in grado di aiutare le persone in situazioni difficili (fallimenti, lutti), mostrando loro la LUCE.

Riassumendo, posso dire:

Cosa mi ha colpito?

- Il risveglio di Michael, la sua espansione di consapevolezza.
- La sua resilienza e la sua capacità di rialzarsi.
- La sua straordinaria dedizione al lavoro e il suo amore per ciò che fa. Questo è ciò che gli ha portato il denaro.
- La priorità che dà ai valori fondamentali della sua vita: per Michael, il denaro non è la cosa più importante, ma lo sono l'amore per sua moglie e i suoi figli.
- Sua moglie, che gli infonde sempre coraggio, forza e sostegno, e che sa amare profondamente.

4. La mia visione: Denaro – Oro

Ecco la mia visione per rendere il mondo un posto migliore: distinguo tra "ricchezza interiore" e "ricchezza esteriore".
Cos'è la ricchezza interiore?
È ovviamente il cuore, l'amore, il sentimento di essere felici!

Ricchezza interiore significa:

- Prendere consapevolezza e assumersi la responsabilità personale.
- Comprendere che tutto ha un senso! (Cambiamenti climatici, situazioni di trasformazione politica) poiché

sono espressioni della dualità sulla terra: luce/ombra, positivo/negativo, yin/yang, sole/luna, ecc.

- Come possiamo raggiungere questo? Dobbiamo prima osservare e analizzare tutto con calma. Solo allora possiamo agire.
E soprattutto, dobbiamo fare attenzione a non giudicare!

Solo in questo modo possiamo creare equilibrio e armonia tra i poli opposti, che rappresentano il femminile e il maschile sulla Terra. Arriviamo così al centro.

Questo è il prerequisito fondamentale per gestire in modo sensato e soddisfacente ciò di cui stiamo parlando oggi: il denaro.

Ecco come vedo il denaro: è semplicemente un'energia neutrale e fluida tra due poli, uno strumento. Con questa consapevolezza, il denaro crea equilibrio, e allora porta felicità.

Attraverso il mio lavoro, aiuto i miei clienti a sviluppare una consapevolezza dell'unità e dell'amore universale.

Questo crea un senso di soddisfazione e felicità. Il percorso verso questa meta passa attraverso la spiritualità. I mezzi necessari per realizzare questa visione si ottengono tramite il denaro.

Unisco le attività legate al denaro (la gestione del denaro) con la spiritualità.

Dio – Oro – Denaro

L'esperimento della bilancia:

Vorrei illustrarvi con un piccolo esperimento come bilanciare la ricchezza interiore ed esteriore.

- Sul lato sinistro mettiamo la ricchezza esteriore: case, automobili, yacht.
- Sul lato destro mettiamo la ricchezza interiore: amore, gioia, talenti.

Vedete che manca l'equilibrio.

Come possiamo creare una bilancia equilibrata? Aggiungiamo pezzi d'oro al lato dell'amore e della gioia. In questo modo, la ricchezza esteriore viene bilanciata e trova armonia.

L'oro rappresenta generalmente la ricchezza esteriore. Tuttavia, l'oro sul piatto destro rappresenta la ricchezza interiore e immateriale. Questo include anche la spiritualità – la fede e la fiducia in qualcosa di superiore. Questo aspetto dobbiamo nutrirlo nelle persone.

Infondendo nelle persone GIOIA, FELICITÀ, LEGGEREZZA e SPIRITUALITÀ, creiamo un equilibrio tra i valori materiali e quelli interiori. Con questo spirito, questa gioia e questo amore, trasformiamo l'oro ideale in progetti terreni. E questi nuovi progetti, a loro volta, ci restituiscono gioia e felicità.

Riassumendo:

La ricchezza interiore (visione dell'oro) significa:

1. Raggiungere l'AMORE PER SÉ STESSI e l'AUTOSTIMA.

2. Riconoscere il proprio VALORE, sentirsi degni di essere RICCHI, di avere SUCCESSO e di vivere nel BENESSERE.

3. Svolgere il proprio LAVORO con AMORE, cioè con il CUORE. (Così il denaro arriva automaticamente.)

4. Avere FIDUCIA in Dio.

5. Ascoltare la VOCE INTERIORE (l'intuizione).

6. Vivere in modo CONSAPEVOLE, riconoscendo i propri doni e talenti.

7. Vivere nel PRESENTE, non nel passato o nel futuro.

8. Assumersi la RESPONSABILITÀ personale: "Fidati di te stesso!".

9. Seguire il PROPRIO CAMMINO e vivere la PROPRIA VERITÀ.

10. Riconoscere il SENSO della vita in ogni cosa e vedere tutte le esperienze, le cose e le persone in modo POSITIVO.

    Tutto è come deve essere. Non bisogna mettere in discussione ogni cosa. Tutto ha un senso. Non esistono coincidenze. Lo stesso vale per il vostro denaro: non esistono situazioni di sfortuna, coincidenza o fortuna. No, tutto fa parte di un grande piano di vita.

11. Accettare l'alternanza tra "alti e bassi".

    Tutto sulla terra si alterna: positivo/negativo, sole/luna, giorno/notte, pioggia/sole, yin/yang, ecc.

12. CREARE EQUILIBRIO e ARMONIA! Raggiungere il CENTRO.

    (Questo significa sviluppare un equilibrio tra l'energia maschile e quella femminile. Lo stesso vale per il denaro: deve sempre esserci un equilibrio.)

13. Raggiungere il CENTRO, sviluppare il PUNTO DIVINO.

14. Non GIUDICARE né CONDANNARE!

15. Avere PAZIENZA e mantenere la CALMA. Non essere impazienti! "Non come voglio io, ma come vuoi Tu."

16. Creare un MOTTO: "Tutto e tutti mi portano felicità ora!"

Ricchezza esteriore: Come posso aumentare la ricchezza esteriore (visione del denaro)?

Tutti sappiamo cosa significa ricchezza esteriore.

L'elemento più importante per aumentare la ricchezza esteriore è un investimento corretto e ponderato. Bisogna usare il denaro in modo sensato, amministrarlo con saggezza e trattarlo con cura: questa è una responsabilità che spetta a ogni individuo, imprenditore, banchiere o gestore patrimoniale. Tuttavia, ci sono pochi investitori veramente saggi.

Il mio obiettivo è utilizzare la ricchezza esteriore in modo positivo e utile per il bene di tutti. Alla fine, infatti, è l'essere umano che decide se fare del bene o del male con il denaro. Il denaro di per sé è neutrale, sia che si trovi in Germania, in Svizzera o in Lussemburgo.

Dobbiamo quindi trattare il denaro e ciò che possediamo con attenzione, rispetto e amore. Solo così potrà svilupparsi positivamente. Questo è il segreto del successo che voglio condividere con voi.

Lo stesso vale per gli investimenti. Dobbiamo investirli con comprensione, rispetto e amore. In altre parole, dobbiamo infondere un'anima e una benedizione nei nostri investimenti. Solo così essi si svilupperanno positivamente. Sebbene gli investimenti non siano esseri viventi, come gli esseri umani o gli animali, noi esseri umani abbiamo un'anima.

Se usiamo il nostro denaro con cuore e amore, sia che si tratti di acquistare una casa, un'auto, un'obbligazione o un'azione, e lo facciamo con amore, allora si svilupperà positivamente, perché avremo "infuso" il nostro denaro.

Non dobbiamo avere risentimenti. E dobbiamo avere pazienza: "Non, mio Dio, come voglio io, ma come vuoi Tu."

L'amore per il denaro:

Se amate il vostro denaro e lo investite con dedizione e amore in cose che vi stanno a cuore, allora sarà fruttuoso. Tuttavia, se investite il vostro denaro solo per accumularne di più, ma interiormente respingete il concetto stesso, allora non funzionerà.

Questo significa: non basta investire il proprio denaro e credere che sia al sicuro e che si moltiplicherà da solo. È importante partecipare attivamente, e non solo a livello pratico, ma anche spirituale. Dovete costruire un legame interiore con i vostri investimenti. Trasmettete loro tutta la positività del vostro essere. Solo così cresceranno e porteranno beneficio a tutti. Dunque, non investite solo con la mente, ma anche con il cuore.

Alcune persone hanno già compreso come gestire il denaro in modo corretto: un modo è donarlo o lasciarlo in eredità a fondazioni, musei o altre cause benefiche. Così facendo, si genera qualcosa di positivo, che a sua volta ritorna sotto forma di beneficio a chi ha donato.

È importante ricordare anche questo: il denaro è effimero. Lo accumuliamo nella vita e poi lo lasciamo ad altri. Il denaro ci viene semplicemente prestato nel corso della vita. Dovremmo considerarlo come un prestito, e tutto ciò che acquistiamo con esso come una concessione temporanea.

Warren Buffet, ad esempio, non lascerà il suo patrimonio ai figli, ma lo donerà per il bene comune. Come dice lui stesso: "Il denaro mi è stato solo prestato, e lo restituisco per buone cause."

Alfred Nobel e molti altri hanno fatto lo stesso: hanno usato il denaro per il bene dell'umanità.

Ricchezza esteriore (visione del denaro) significa:

1. Far fluire il denaro.

2. Dare al denaro il GIUSTO VALORE. *(Non c'è nulla di negativo nel denaro. Non dobbiamo avere paura che si perda, che renda poco o che sia depositato offshore, ecc.)*

3. Amare il denaro e tutto ciò che acquistiamo con esso.

4. Gestire il denaro in modo CONSAPEVOLE.

5. Acquisire CONOSCENZA e saggezza sugli investimenti e sui loro rischi. *(Rafforzare la propria educazione finanziaria! Gestire gli investimenti in modo che servano alle persone, considerare il denaro come un "prestito", creare abbondanza, ecc.)*

5. **E ora la mia risposta alla domanda iniziale:**
   "Come portare l'oro del cielo sulla terra?"

Attraverso il mio lavoro, aiuto le persone a trovare la ricchezza interiore, a percepire la felicità e la soddisfazione.

"Una vita piena non è il risultato
dell'esaudimento di tutti i desideri,
ma il frutto di un cuore colmo d'amore."

Come ottenere questo "cuore colmo d'amore",
indipendentemente dal possesso materiale?
Bisogna ammorbidire la durezza del cuore.

Porto l'oro del cielo sulla terra mostrando alle persone come benedire i loro investimenti. Il mio desiderio più profondo è che voi possiate essere FELICI, interiormente ed esteriormente. Voglio donare alle persone denaro e oro, ricchezza interiore ed esteriore!

E in questo contesto, desidero concludere ringraziando la banca privata Sal. Oppenheim. Questa istituzione, per sette generazioni, ha dimostrato un grande cuore nei confronti di amici, conoscenti e familiari, anche nei momenti più difficili. Certo, una banca deve agire seguendo principi economici.

Tuttavia, ciò che vediamo da anni in molte banche è una visione esclusivamente commerciale, trascurando l'aspetto umano. Sal. Oppenheim, invece, non ha mai dimenticato questo lato umano, continuando a coltivarlo fortemente.

La banca ha mantenuto una forte tradizione, fedele ai valori umani, senza concentrarsi solo sui profitti a breve termine. La sua priorità sono le relazioni durature con i clienti. Questo la distingue per la sua stabilità, un valore fondamentale nella nostra epoca, che spesso pensa solo a breve termine.

I mercati salgono e scendono. Ciò che conta davvero è preservare e aumentare il patrimonio nel lungo termine. Questo è uno dei punti di forza di Sal. Oppenheim, e sono felice di poter collaborare con loro in futuro.

Concludo con le parole di James D. Wolfensohn, ex presidente della Banca Mondiale, pronunciate durante l'assemblea annuale della Banca Mondiale a Dubai nel 2003. Queste parole rappresentano ciò che mi sta più a cuore:

"Signor Presidente, non parlo come un sognatore o un filosofo.
Come voi, anch'io ho una famiglia
e mi preoccupo per il suo futuro.
*Abbiamo la **conoscenza** per fare la differenza.*
*Abbiamo le **risorse** per fare la differenza.*
*Abbiamo il **coraggio** per fare la differenza.*
Dobbiamo agire ora per fare la differenza."

James D. Wolfensohn, ex Presidente della Banca Mondiale
"Il futuro implica uno squilibrio crescente tra popolazione,
risorse naturali e ambiente.
Se agiamo oggi, possiamo prevenire questi squilibri
e orientare il mondo verso un futuro migliore.
Se non agiamo, lasceremo ai nostri figli
problemi ancora più grandi."

*"La ricchezza più alta del capitale non è fare soldi,
ma usare il denaro per migliorare la vita."*
Henry Ford

Sono entusiasta di costruire con voi un nuovo mondo
finanziario.
Grazie mille per la vostra attenzione!

"Come portare l'oro del cielo sulla terra?"
L'oro rappresenta gioia, amore e felicità.
Oggi risponderei: porto alle persone il loro oro interiore sulla
terra – la loro vera essenza, il loro scopo autentico, il loro
risveglio – così come la gioia, la felicità e la luce del sole. Sono il
ponte tra cielo e terra.

Una luce dorata e splendente fluisce verso le persone. Una luce dorata brilla intorno a loro, riempiendoli di amore. Si sentono protetti. Si sentono bene. Sono felici. Un senso profondo di felicità e gioia li avvolge. Sono toccati da questa luce, che riempie i loro cuori. Sentono l'amore e il legame con qualcosa di più grande: l'energia cosmica.

Si sentono felici, compresi e in armonia con i loro cuori. Pieni di gioia, abbracciano la loro famiglia, gli amici, i vicini e la comunità.

E questa atmosfera contagia anche altre persone. Si avvicinano, curiosi di vedere cosa sta accadendo: una grande trasformazione – dalla desolazione, paura e sofferenza, all'apertura dei cuori, all'accoglienza della luce dorata, al sentire gioia e felicità.

Conclusione

Entriamo nella felicità dirigendo la nostra attenzione...

- Tornando alla nostra infanzia: lasciando libera la nostra curiosità, entusiasmo, creatività ed emozioni.
- Non aggrappandoci al passato, ma lasciandolo andare.
- Connettendoci con il Tutto e lasciandoci guidare.
- Cambiando prospettiva: osservando il nostro mondo con gioia, non con preoccupazione.
- Donando un sorriso agli altri. Il sorriso tornerà a noi.
- Coltivando gratitudine e perdono.

Così raggiungiamo uno stato di: felicità – allegria – spensieratezza – ricchezza interiore – soddisfazione interiore – valori interiori – pace – libertà – leggerezza – serenità – salute mentale.

E questa è la cosa più importante nella vita: la salute mentale e la soddisfazione. Tuttavia, molte persone mancano di soddisfazione e felicità. Si concentrano sui valori materiali anziché su quelli interiori.
E hanno paura – del cambiamento. Si aggrappano al passato – al materiale.

Messaggio

Quando siamo soddisfatti interiormente, non abbiamo bisogno di accumulare tanti beni esteriori. E possiamo usare il denaro per altre cose, ad esempio per aiutare gli altri a trovare gioia o indipendenza, ecc.

La grande sfida è trovare il silenzio e ascoltare dentro di noi (e scoprire il nostro cammino dell'anima/vita). Fino ad ora abbiamo utilizzato solo la nostra mente razionale. Ma il mondo è cambiato. Dobbiamo imparare a non dare troppo spazio alla mente razionale. Dobbiamo accogliere una coscienza più elevata. È energia.

Il denaro fa parte della nostra vita. Anche il denaro è energia. Ma è uno dei grandi ostacoli per raggiungere la felicità. Perché abbiamo un cattivo rapporto con il denaro; perché ci preoccupiamo, abbiamo paura; perché ne abbiamo troppo poco o troppo, ecc.

Il denaro vuole essere onorato, amato e riconosciuto. Vuole essere considerato con una coscienza più elevata, quindi con una dimensione/sfera superiore.

Metafora

Immaginate che il denaro possa ascoltare, sentire e parlare (come una persona). Cosa sentirebbe? Sentirebbe ciò che volete fare con esso, per cosa volete utilizzarlo.

E cosa proverebbe? Proverebbe se viene usato bene o male. Noi esseri umani percepiamo quando siamo trattati male. E se anche il denaro potesse percepirlo?

Se utilizzate il denaro per qualcosa di positivo, il denaro si sentirà bene. Ma se lo scambiate per qualcosa di negativo (cibo spazzatura, alcol, sigarette), il denaro si sentirà bene? Quali esperienze avete fatto?

E se il denaro potesse parlare! Wow! Sarebbe una nuova scoperta incredibile.

Messaggio

Se trattiamo bene il denaro e lo utilizziamo nel modo giusto, ciò porterà gioia e salute = causa - effetto (e non paure, preoccupazioni, sensi di colpa o depressioni).

Tutto è energia:

L'essere umano, l'acqua, il denaro, l'amore. Tutto deve fluire. Se non fluisce, si crea un blocco. E questo porta alla malattia.

Messaggio:

Guardare tutto con amore. Aprire il cuore. Dare valore: alla vita, all'amore, alle persone, alla natura e al denaro. E trattare tutto con rispetto!

E da dove provengono l'acqua, gli esseri umani, il denaro? Tutto arriva dall'alto – sulla terra. Anche il denaro. Lo portiamo con noi praticamente già alla nascita, perché veniamo al mondo con talenti e potenzialità che poi possiamo trasformare in denaro.

Il denaro arriva a noi con leggerezza quando:

- VALORIZZIAMO il denaro
- Lo consideriamo come ENERGIA che ritorna a noi se lo utilizziamo in modo positivo e benevolo (e non con avidità, sfruttamento o disonestà)
- Mettiamo il nostro CUORE, il nostro AMORE e il nostro SPIRITO (Spirit)
- Siamo APERTI e ONESTI con noi stessi e con gli altri
- Proviamo GIOIA per ciò che facciamo
- Facciamo del BENE agli altri
- Investiamo il denaro in COSE POSITIVE
- Facciamo PACE con il denaro, con noi stessi e con gli altri.

Il denaro è come un neonato amato. Lo abbracciamo, lo amiamo e lo trattiamo con cura.

Passaggi fondamentali:

La fiducia è essenziale (in tutto).

Abbi fiducia nel flusso del denaro e degli affari! Non avere paura. Questa è la sfida più grande. Le persone, temendo di perdere, si aggrappano al denaro e si preparano a tempi difficili. Ma se siamo circondati dalla paura, lasceremo che il denaro controlli la nostra vita. Se invece abbiamo fiducia, possiamo lasciare andare.

Come sviluppare la fiducia?

1. Sciogliere i legami con la famiglia, il partner, il lavoro, ecc.
2. Fiducia in noi stessi: "Non ho paura che qualcosa vada storto."
3. Fiducia nel Tutto – nella dimensione/sfera superiore (SPIRITO).

Fare pace – con noi stessi, con i membri della famiglia e con il denaro.

Portiamo dentro di noi molte ferite – ferite che derivano dalla nostra famiglia/antenati e dalla nostra infanzia.

Dobbiamo comprendere che anche i nostri genitori e nonni hanno subito queste ferite. Qualunque cosa sia accaduta nella nostra infanzia: anche i nostri genitori e nonni hanno affrontato destini difficili. E noi portiamo queste ferite nel nostro sistema (fino all'età adulta). Devono essere guarite.

Dobbiamo liberarci da queste ferite, ad esempio:

- Ferite emotive come non essere stati visti, essere stati abbandonati, l'assenza emotiva della madre o del padre, non sentirsi amati, ecc.

Questi sentimenti profondamente radicati di abbandono possono proseguire anche nella vita adulta. Alcuni decidono di tagliare i rapporti con la famiglia, altri iniziano a bere, fare uso di droghe o lavorano eccessivamente per non pensarci. Il modo in cui amiamo e affrontiamo le nostre relazioni dipende in gran parte dalla nostra infanzia.

Non dobbiamo ripetere gli schemi che hanno caratterizzato la nostra infanzia. Possiamo superare i nostri traumi. Possiamo guarire – completamente da soli.

Guarigione e riconciliazione includono:
Perdono – riconciliazione – fare pace.
Dobbiamo fare pace con noi stessi, con i nostri genitori e i nostri antenati. Dobbiamo perdonare loro e riconciliarci con loro.

Esercizio:
Immaginate di abbracciare voi stessi, stringervi forte e perdonarvi, riconciliarvi con voi stessi. Ora immaginate di abbracciare vostra madre, stringerla e perdonarla, riconciliandovi con lei.
Fate lo stesso con vostro padre.

Riconoscenza e gratitudine:

Dobbiamo ringraziare – essere grati per l'esperienza che abbiamo potuto vivere con i nostri genitori. Questo è il processo di guarigione!

Dobbiamo perdonarci per aver intrapreso un percorso sbagliato nella vita e aver commesso azioni disoneste.

Poi dobbiamo perdonare tutte le persone a cui abbiamo fatto del male – sia materialmente che emotivamente.

Infine, dobbiamo perdonare i nostri genitori, poiché inconsapevolmente ci hanno introdotto al tema del denaro.

Messaggio:

Quando piantiamo un albero, iniziamo un nuovo progetto o troviamo un nuovo amore, e mettiamo cuore, amore e spirito nelle radici/terra, quell'albero, quella pianta, quel progetto o investimento crescerà e fiorirà.

Grazie alla nostra coscienza superiore, tutto ciò in cui la applichiamo crescerà.

Il rendimento sarà integrale, non solo materiale, ma anche immateriale: gioia di vivere, salute, entusiasmo, leggerezza e un senso profondo della vita.

E come ridiamo e ci rallegriamo, così anche il denaro vuole "ridere".

Riguarda l'unione:
- Dei valori interiori ed esteriori
- Dell'interiore ed esteriore
- Del materiale e dello spirituale
- Dell'energia maschile e femminile
- Del singolo individuo e della società
- Della parte sinistra e destra del cervello

In questo modo si crea equilibrio (Yin/Yang). Si genera armonia: dentro ogni persona e tra le persone. Attraverso l'unione, le persone raggiungono una coscienza più elevata.

Oggi inizia un'era nuova:

È tempo di unire il materiale con l'immateriale. Così otterremo entrambi: denaro e salute interiore. **Apriamo il nostro cuore.**

Diamo valore alla nostra vita e al nostro denaro. Sia noi che il denaro vogliamo essere "visti" e "apprezzati" – percepiti come energia. Solo allora fluiranno verso di noi – moltiplicandosi.

L'obiettivo e il risultato del nostro cambiamento di visione sono: **FELICITÀ, GIOIA, SIGNIFICATO, SODDISFAZIONE e, di conseguenza, SALUTE.**

Esercizio finale: L'ORO cade dal cielo

Immaginate che l'oro cada dal cielo. Vedete le monete d'oro che scendono dal cielo. Questo oro divino rappresenta gioia di vivere, beatitudine, allegria e amore. Raccogliete lentamente e con cura queste monete. Sentite l'oro. È caldo, amorevole, accogliente. Stringetelo al vostro cuore!

I have a dream:

Making people HAPPY and HEALTHY by bringing JOY, HAPPINESS, and PROSPERITY into the world.

Annesso (Testo da GPT)

I. Il nostro percorso condiviso di trasformazione

Per continuare in questo viaggio di trasformazione: dobbiamo capire che la nostra mente subconscia è plasmata da esperienze ed emozioni passate, molte delle quali potremmo non essere nemmeno consapevoli. Portando in superficie questi elementi nascosti e elaborandoli, possiamo iniziare a liberarci dai modelli che ci limitano.

Meditazione, consapevolezza e pratiche che incoraggiano l'auto-riflessione sono strumenti potenti per questo viaggio. Calmare la mente ci consente di accedere agli strati più profondi della nostra coscienza, permettendoci di osservare e, infine, di rilasciare le emozioni che vi sono immagazzinate.

Il Ruolo del Perdono e della Gratitudine
Il perdono non significa condonare le azioni degli altri; è liberarsi del peso emotivo che portiamo. Quando perdoniamo, rilasciamo l'energia legata a vecchi rancori, creando spazio per far fluire nuova energia positiva.
La gratitudine, d'altra parte, sposta la nostra attenzione da ciò che manca a ciò che è già presente e abbondante nelle nostre vite. È una pratica che eleva la nostra vibrazione e ci allinea con l'energia dell'amore e dell'abbondanza.

Riconnettersi con il Nostro Bambino Interiore

Per guarire veramente, dobbiamo riconnetterci con il nostro bambino interiore—quella parte di noi che è pura, creativa e piena di meraviglia. Questa riconnessione ci consente di vivere la vita con un senso di giocosità e gioia, liberi dalle paure e dalle aspettative accumulate nel tempo. Nutrendo il nostro bambino interiore, possiamo riscoprire le semplici gioie della vita e coltivare un senso di leggerezza e libertà.

Vivere il Momento Presente

Il momento presente è l'unico luogo in cui il vero cambiamento può avvenire. Quando ci soffermiamo sul passato, manteniamo aperte vecchie ferite. Quando ci preoccupiamo per il futuro, creiamo ansia. Concentrandoci sul presente, possiamo vivere pienamente la vita così com'è, senza le distorsioni del dolore passato o delle paure future. Questa presenza ci permette di rispondere alla vita con chiarezza, compassione e creatività.

Abbracciare il Viaggio

Il percorso verso la felicità e il compimento non è un sentiero rettilineo. È pieno di alti e bassi, momenti di chiarezza e tempi di confusione. La chiave è abbracciare il viaggio con un cuore aperto, confidando che ogni esperienza faccia parte della nostra crescita. Lasciando andare il bisogno di perfezione e permettendoci di essere umani, creiamo spazio per la gioia, la connessione e la vera trasformazione.

Alla fine, la felicità non è qualcosa che otteniamo; è qualcosa che diventiamo. È il risultato di vivere autenticamente, amare profondamente e abbracciare ogni momento così com'è. Continuando a guarire e a crescere, diventiamo fari di luce, diffondendo gioia e positività a coloro che ci circondano.

Camminiamo insieme questo percorso, sostenendoci a vicenda mentre trasformiamo la paura in amore e i limiti in libertà.

Coltivare la Forza Interiore

Per continuare il nostro viaggio di trasformazione, è essenziale coltivare la forza interiore. La forza interiore è la capacità di rimanere radicati e resilienti di fronte alle sfide della vita. Implica fidarsi di sé stessi, costruire autodisciplina e sviluppare una mentalità che vede gli ostacoli come opportunità di crescita. Coltivando la forza interiore, possiamo affrontare le nostre paure con determinazione, sapendo di avere il potere di superarle.

Il Potere dell'Amor Proprio

L'amor proprio è la base di una vita appagante e gioiosa. Significa accettarsi così come si è, senza giudizi o critiche. Quando ci amiamo, creiamo un ambiente interno di sicurezza e accettazione che ci consente di prosperare.

L'amor proprio significa anche stabilire confini sani, dare priorità al nostro benessere e trattarci con la stessa gentilezza e compassione che offriamo agli altri. Abbracciando l'amor proprio, diventiamo la nostra fonte di supporto e felicità.

Creare Connessioni Significative

Gli esseri umani sono creature sociali, e le connessioni significative sono vitali per la nostra felicità. Coltivando relazioni basate sull'autenticità, l'empatia e il supporto reciproco, creiamo una rete di amore e comprensione che nutre la nostra anima.

La vera connessione avviene quando ci permettiamo di essere vulnerabili, condividiamo il nostro vero sé e ascoltiamo profondamente gli altri. Queste connessioni ci ricordano che non siamo soli e che siamo tutti parte di qualcosa di più grande.

Incorporare Gioia e Leggerezza

La gioia e la leggerezza sono stati dell'essere che emergono quando lasciamo andare i pesi che portiamo e ci permettiamo semplicemente di essere. Per incarnare la gioia, dobbiamo dare priorità alle attività che ci portano piacere e soddisfazione, che si tratti di passare del tempo nella natura, impegnarsi in attività creative o semplicemente ridere con gli amici. La leggerezza deriva dal rilascio del bisogno di controllare tutto e dall'abbracciare il flusso della vita. Incarnando gioia e leggerezza, ispiriamo gli altri a fare lo stesso e contribuiamo a un mondo più gioioso.

L'Effetto Domino della Trasformazione Personale

La nostra trasformazione personale non impatta solo su di noi; crea un effetto domino che tocca tutti coloro che ci circondano. Quando guariamo noi stessi, contribuiamo alla guarigione delle nostre famiglie, comunità e del mondo.

La nostra energia, i nostri pensieri e le nostre azioni influenzano coloro con cui entriamo in contatto, e incarnando amore, compassione e autenticità, ispiriamo gli altri a intraprendere i loro viaggi di trasformazione. Insieme, possiamo creare un mondo in cui la felicità, la pace e la connessione siano la norma.

Continuare la Pratica

La trasformazione è un processo continuo che richiede pratica costante e dedizione. Comporta scelte quotidiane per allinearsi con l'amore, liberare la paura e coltivare la gioia. Alcune pratiche che supportano questo viaggio includono la meditazione, il journaling, il tempo trascorso nella natura, la pratica della gratitudine e l'impegno in atti di gentilezza.

Rendendo queste pratiche una parte regolare della nostra vita, rafforziamo il nostro impegno verso la crescita e creiamo un cambiamento duraturo.

Ricordiamo che siamo tutti in questo viaggio insieme. Sostenendoci a vicenda, condividendo le nostre esperienze e facendo spazio alla crescita reciproca, creiamo una comunità di trasformazione.

Continuiamo a percorrere questo cammino con coraggio, amore e un cuore aperto, sapendo che il viaggio stesso è la destinazione, e che la felicità si trova in ogni passo che compiamo.

Riflessioni Finali

La felicità non è una destinazione ma un modo di essere. È il risultato di vivere in allineamento con il nostro vero sé, abbracciando le nostre emozioni e coltivando amore e compassione per noi stessi e per gli altri.

Lasciando andare ciò che non ci serve più e entrando nel nostro potere, possiamo creare una vita piena di gioia, scopo e realizzazione. Impegniamoci in questo viaggio di trasformazione, sapendo che ogni momento ci offre l'opportunità di crescere, guarire e sperimentare la bellezza della vita nella sua pienezza.

II. Cosa si intende per "Denaro e Spirito"?

"Denaro e Spirito" si riferisce alla relazione tra risorse finanziarie e i valori spirituali o interiori di una persona. Esplora come il denaro e le risorse materiali possano essere allineati con aspetti più profondi e immateriali della vita, come il significato, l'etica, la felicità e la realizzazione. Ecco alcuni temi centrali spesso discussi in questo contesto:

1. Il denaro come flusso di energia

Nelle tradizioni spirituali, il denaro è talvolta visto come una forma di energia che dovrebbe fluire e essere condivisa. L'obiettivo è sviluppare una relazione armoniosa con il denaro, in cui non sia visto né come il fine ultimo né come un nemico, ma come uno strumento che può essere messo al servizio di uno scopo spirituale superiore.

2. Consapevolezza nella gestione del denaro

"Denaro e Spirito" sottolinea l'importanza di essere consapevoli e attenti nella gestione del denaro. Ciò significa essere consapevoli dei propri valori e priorità, garantendo che il modo in cui si guadagna, si spende, si risparmia o si investe il denaro sia in linea con tali valori. Si pone la domanda: l'uso del denaro sostiene la mia crescita personale e spirituale?

3. Etica e decisioni finanziarie

Questo concetto comprende anche gli aspetti etici del denaro. Si pongono domande come: il mio denaro è guadagnato o investito in modo coerente con i miei principi etici? Ad esempio, si potrebbe considerare se si sta investendo in aziende etiche o utilizzando il proprio denaro per scopi che abbiano un impatto positivo sulla società.

4. Libertà dai legami materiali

Molti insegnamenti spirituali sottolineano che i beni materiali e il desiderio di ricchezza non dovrebbero essere l'obiettivo ultimo nella vita. "Denaro e Spirito" esplora come si possa utilizzare il denaro senza esserne attaccati o considerarlo una fonte di autostima o felicità. Si tratta di bilanciare la sicurezza finanziaria con la libertà interiore.

5. Generosità e condivisione

La generosità e la condivisione della ricchezza sono temi centrali nella relazione tra denaro e spiritualità. Spesso si sottolinea che la vera crescita spirituale risiede nella capacità di sostenere gli altri e utilizzare le risorse materiali per promuovere il benessere della comunità.

6. Abbondanza vs. scarsità

Un altro concetto importante è la distinzione tra una "mentalità di scarsità" (la convinzione che non ci sia mai abbastanza) e una "mentalità di abbondanza" (la convinzione che l'universo abbia risorse sufficienti per tutti). "Denaro e Spirito" incoraggia le persone a sviluppare una mentalità di abbondanza, in cui ci si sente ricchi anche se non si possiede molto, perché si confida nella vita e nelle proprie capacità.

In sintesi, "Denaro e Spirito" esamina il significato più profondo del denaro nella vita umana e come si possa trovare un modo sano, etico e spiritualmente appagante di gestirlo. È un approccio che non considera il denaro come qualcosa di puramente materiale o mondano, ma come qualcosa profondamente connesso ai valori, alle credenze e agli obiettivi di una persona.